＼作るのラクチン、子ども喜ぶ！／

働くママの時短ごはん

武蔵裕子

はじめに

いつのまにか女性が仕事を持って、働くのが当たり前になりました。
私も仕事をしながら双子の息子たちの育児に明け暮れ、
両親と息子たち、自分という三世代のごはん作りをずっと担ってきました。
幼児とシニアでは、味の好みも食事の時間もバラバラ、好き嫌いもそれぞれ。
父が病気になれば療養食を作りましたし、
食べ盛りの息子たちのおべんとう作りに追われた時期もありました。

そのような経験の中、なにより心がけてきたのが、時短と栄養バランス。
振り返ってみると、いちばん無理なく役立ったのが"ついで仕事"です。
わざわざ時間を費やすのではなく、とにかく買い物から帰ったら冷蔵庫へしまう
"ついでに"野菜(特にねぎや葉もの野菜)は切ってしまう。
そうすれば、すぐにみそ汁の具になったり、チャーハンの具になったり……。
もし切るのが面倒なら、洗っておくだけでも本当にストレスが減ります。
疲れきってしまったときは、から揚げや餃子のテイクアウトだってしました。
でも、たとえば冷蔵庫に刻んだニラがあれば、パパッとニラ卵スープを添えられる。
それだけのことに、どんなにホッとしたでしょう。

外で頑張って仕事をしてきて疲れているお母さんがキッチンに長く立つのは
本当に大変なこと。毎日3回ある食事を、すべてきちんきちんとしようとすると、
それだけで息が詰まってしまいます。
だから、とにかく気持ちをラクに持って、まず、洗っておく、切っておく、
余裕ができたら味をつけておく……それだけでも、始めてみてください。
本書が、働くママたちの悩みを少しでも軽減させるお役に立ちますように。

武蔵裕子

CONTENTS

002　はじめに
007　この本の決まりごと

 第1章　すきま時間でついでにできる
"ゆるストック"技

010　野菜は切っておくだけでも「作りおき」
　　　このひと手間で未来の自分が救われる！

012　ゆで野菜はソースやころもとあえるだけで一品に
　　　市販のお惣菜やレトルト食品の「かさ増し」にも

014　そのつど切るのが面倒な野菜は
　　　「まとめ切り」でぐっと料理しやすくなります

　　　[いつでも野菜を！まとめ切り野菜でできる3分おかず]
016　かぼちゃのレンジサラダ
　　　大根のバター炒め
017　ピーマンのオイスター味炒め
　　　にんじんのはちみつ梅あえ

018　「そのまま冷凍」でムダ買いストップ！
　　　調理時間の短縮にもなります

020　[冷凍大根で]
　　　フライパンぶり大根／とろけるチーズの大根ステーキ
021　[冷凍にんじんで]
　　　にんじんのたらこマヨサラダ／にんじんと卵のポン酢炒め
022　[冷凍キャベツで]
　　　キャベツのぺたんこ餃子／牛しゃぶサラダ
023　[冷凍トマトで]
　　　トマトのぶっかけそうめん／カリッと豚のトマトソース
024　[冷凍じゃがいもで]
　　　じゃがいもの粉チーズ炒め／フライドポテト
025　[冷凍小松菜で]
　　　小松菜とツナのさっと煮／小松菜と豚肉のとろみ炒め

028　メインのおかずは、"2食分"をまとめ作り
　　　リメイク技で「またコレ〜？」とは言わせない！

028　豚のしょうが焼き
030　[arrange] しょうが焼きと冷凍キャベツのカレーマヨ蒸し
031　[arrange] しょうが焼きとトマトのチーズグリル
032　鶏のから揚げ
034　[arrange] 酢鶏
035　[arrange] チキン南蛮
036　さばのウスターソース煮
038　[arrange] さばチャーハン
039　[arrange] さばときゅうりのレモンマヨあえ
040　鮭のトマト煮
042　[arrange] サーモントマトパスタ
043　[arrange] 鮭となすのしそ風味炒め

これならできる！

第2章
これでもうストレスフリー！
献立のお悩み解消技

- **046** 週に一度の「ルーティンメニュー」を決めてしまうとラク！
- **048** 品数、彩り、栄養バランスが考えられないときは「ひと皿で多品目料理」を！
  - 048 きのこの豚汁
  - 050 トマトとチンゲン菜の中華卵とじスープ
  - 051 豆腐と納豆の豆乳みそ汁
  - 052 丸ごとチキンのにんじんごはん
  - 053 たっぷりごまとさつまいもの混ぜごはん
  - 054 えびと豚ひき肉の中華炊き込みごはん
- **055** つけ合わせの野菜は、いつも同じものだっていい！そう割り切れば、地味なストレスともサヨナラ
- **056** ラクしてテーブルが華やかになる！フライパンごと食卓に出せる料理を覚えておこう
  - 056 フライパングラタン
  - 058 グリルパンピザ／フライパンビビンバ

 第3章
ラクして、おいしさそのまま
手間をかけない技

- **064** 定番料理こそ簡略化！「○○しない」料理を増やそう
  - 064 スコップコロッケ
  - 066 ジャンボハンバーグ
  - 067 ひらひら麻婆豆腐
- **068** 洗いものを減らすとこんなにラク！「ポリ袋調理」も上手に取り入れて
  - 068 絞り出しシュウマイ
  - 070 ひと口カツ／アボカド豆腐／ちぎりレタスのナムル味
- **072** グリル、オーブン、電子レンジ……「道具まかせ」の料理をマスター！
  - 072 バーベキューチキン
- 074 豆腐のふわふわ蒸し
- 075 バットでぎゅうぎゅう焼き
- **076** 鍋ものはカセットコンロを使わずにキッチンで仕上げるほうが実はラクチン！
  - 076 野菜たっぷりごまみそ鍋
  - 078 から揚げのおろし鍋
  - 079 カレーチーズ鍋
- **080** 煮ものは時間がかかる……？「だしいらず」素材で攻略を！
  - 080 さば缶と大根のさっと煮
  - 082 ベーじゃが煮／キャベツのいりこ煮

CONTENTS

第4章 小さな工夫で気楽に
栄養バランスアップ技

- **086** 知らず知らずのうちに野菜を食べてくれる！
  自家製「ポタージュの素」がとにかく便利
  - 086 いろいろ野菜のポタージュの素
  - 087 [arrange] ベジタブルミニホットケーキ
    [arrange] 野菜のスクランブルエッグ

- **088** 野菜嫌いの子どもにもバレません！
  「みじん切り野菜」を炒めてストック
  - 088 香味野菜炒め
  - 089 [arrange] 混ぜるだけケチャップライス
    [arrange] カンタン野菜つくね

- **090** 「自分で調理」で、食べず嫌いを楽しく克服！
  子どもが好きな料理に、カラフル野菜トッピング

- **092** 食が細い子どもには「ちょい足し」を！
  かつお節や粉チーズなら、香りや食感もアップ

- **093** どうしても食がすすまない……そんなときは
  「自家製ジュース」でビタミン補給を
  - 093 バナナジュース
    りんごキャベツジュース
    ブルーベリーヨーグルト
    にんじんオレンジジュース

- **094** 食べるのが遅い子どもには、
  切り方や見せ方を変えて
  「食べなきゃ」というプレッシャーを軽減
  - 095 はちみつバターのスティックトースト
    ひと口おにぎり
    おかかのり巻き

- **096** 「納豆ごはん」好きな子どもは意外と多い！
  とろみで食べやすく、アレンジもいろいろ

もっと知りたい！
子どもごはん うちごはん

- 097 「悩み」というほどではないけれど…
  こんなことが気がかりです
- 098 それでもごはん作りは続く…
  なんとか乗り切る毎日の工夫
  まとめ作りで手間＆時間を軽減
  その日作りの時短ワザ
- 100 食べムラ、遊び食べ、好き嫌い…
  子どもの食欲とこうつき合う
- 101 答えは見つからないこともあるけれど、
  おいしく楽しく

COLUMN

- 026 気持ちもラクになる調理のアイディア
- 060 ストックしておくと便利な食材
- 061 そろえておくと便利な道具
- 083 だしとりのストレスから解放される技

- **102** 材料別索引

HOW TO

この本の決まりごと

- ・1カップ＝200mℓ、大さじ1＝15mℓ、小さじ1＝5mℓです。
- ・だし汁は、かつお節と昆布でとった「水だし」を使用しました（とり方は→P83参照）。市販のだしの素を使用する場合は、パッケージの表示通りに薄めてお使いください。
- ・電子レンジは600Wのものを使用しました。加熱時間は目安です。機種や使用年数などによって違いがありますので、様子を見ながら加減してください。
- ・本書では3歳くらい〜小学校低学年のお子さんも一緒に食べられるメニューをご紹介しています。しょうが、こしょうなどの辛みは、お子さんの年齢や好みに合わせて調整してください。
- ・材料の分量は特に記載のない限り2〜3人分（大人2人＋子ども1人分くらい）を想定しています。栄養価は大人1人分として算出しました。

第1章

すきま時間でついでにできる
"ゆるストック"技

日々のごはん作りの中でまず覚えたいのが、野菜のストック技。
きっちりしたおかずになっていなくても、
「切っておく」「冷凍しておく」などすきま時間に準備しておくと
10分は節約できます。時間以上にトクした気分になれてうれしい。

ゆるストック技 1

野菜は切っておくだけでも「作りおき」
このひと手間で未来の自分が救われる！

まずはそのまま食べられる生野菜をストック

野菜を洗って切るだけでも、気づけば15分くらい経っているもの。このひと手間をワープできると、気持ちがぐっとラクになります。「ママ、おなかすいた〜！」の声が上がったら、プチトマトやきゅうりなど、ストックしておいた野菜を「とりあえず」の一品として前菜のように出しておき、その間にメインディッシュを作っても。この作戦なら、ごはんまでのつなぎにおやつを食べて満腹になってしまう……なんてことも避けられます。もちろん、数種類を取り合わせてサラダにしてもいいし、主菜のつけ合わせとしても重宝します。

Point

へたを取る、食べやすくちぎる……
時間のあるときにまとめて作業しておくのがポイント。

［保存期間］・冷蔵3〜4日

プチトマト
へたを取って洗って保存。小さい子ども用には切り目を入れておくと、のどに詰まらせる心配が減ります。プチトマトはへたに雑菌が繁殖しやすいので、取り除いておくとベター。

キャベツ
キャベツは太めのせん切りに。サラダやつけ合わせのほか、スープに加えたり、炒めものにしても。せん切りは太いほうが加熱しても適度な食感が残るのでおすすめ。気楽に切って。

きゅうり
両端を切り落とし、縦4〜6等分にして食べやすい長さにカット。スティック状にしておくと、子どもはスナック感覚でポリポリ。みそを添えれば、パパのおつまみにも早がわり。

レタス
洗ったあとよく水けをきって、食べやすい大きさにちぎってストック。包丁を使わずちぎるほうが、ドレッシングなど味がからみやすく、切り口も赤くなりにくいのでおすすめです。

ゆるストック法 2

ゆで野菜はソースやころもとあえるだけで一品に
市販のお惣菜やレトルト食品の「かさ増し」にも

**ほうれん草やブロッコリーなど
緑の野菜を中心にゆでてストックしておくと便利**

疲れて「外食にしちゃおうかな～？」というときも、家に作りおきがあると「おうちごはんにしよう！」と思えるもの。ゆで野菜のストックがあれば、ドレッシングをかけるだけ、ごまやしらす、のりとあえるだけで立派な一品に。レトルト食品や市販のお惣菜にも、ゆで野菜を加えてボリュームアップ！「おうちの味」に変身です。ゆでてあるから、煮ものや炒めものに活用しても時短になりますよ。

Point

いずれもゆで時間は少し短めにして、
シャキッ、ポリポリッとした食感を残します。

［保存期間］・冷蔵4～5日

にんじん
小さめの乱切りにしてかためにゆでるか電子レンジで加熱し、水けをよくきって保存。お弁当のおかずや炒めもの、煮ものにも活躍。

もやし
さっとゆで、水けを絞って保存容器へ。ちぎったのりとしょうゆを合わせればのりあえに。塩とごま油であえ、即席ナムルにもなります。

ブロッコリー
小房に分けてかために塩ゆで。粗熱をとって水けをよくきり、保存容器へ。つぼみの間に水が残るので、キッチンペーパーで拭くと安心。

ほうれん草
根元を切り落とし、ざくざく切ってからゆでると時間短縮に。水けはしっかり絞って保存します。練りごまやのりとあえたり、おひたしにも。

スナップえんどう
塩ゆでしてキッチンペーパーで水けを拭き、保存容器に入れて保存。筋が残っていると子どもは食べにくいので、取り除きましょう。

市販のポテトサラダに混ぜれば彩りも栄養もアップ。食感にもアクセントが。

にんじん

ほうれん草

もやし

スナップえんどう

ブロッコリー

ゆるストック技 3

そのつど切るのが面倒な野菜は「まとめ切り」でぐっと料理しやすくなります

**かぼちゃや大根、大きくてかたい野菜は
一気に下ごしらえすると、冷蔵庫の中もすっきり**

野菜は、買ってきたらまとめて切って保存容器へ。これで「自家製カット野菜」のでき上がりです。特に大根やかぼちゃなど、大きな野菜はそのままだと冷蔵庫で場所をとるし、調理のたびに切るところから始めるのもかなりおっくう。切ってあると気楽に使えるので、使い残すことも少なくなって、新鮮なうちに食べきれます。使いみちの多い野菜は、半分は薄切りに、残りはざく切りに……というふうに切り方を変えておくと、料理に合わせて使えて便利。野菜室がすっきり片づいて、省スペースになるのもうれしいポイントです。

Point

大根、かぼちゃ、にんじんは、使いみちをイメージして
何通りかに切り方を変えておくと便利。

[保存期間]・冷蔵 4〜5日

大根
大根は1/3本(約400g)ずつをそれぞれ3〜5mm厚さのいちょう切りと、せん切りに。切り方を変えておけば、サラダや塩もみ、汁ものなど用途に応じて使い分けできます。

ピーマン
へたと種を取り、縦半分に切って保存。種を取っておくひと手間で、ぐっと使いやすさがアップします。そのまま煮ものや炒めものにしたり、用途に応じてさらに細かく切って使っても。

にんじん
ピーラーで皮をむき、そのまま身を薄く削って保存容器へ。包丁に持ち替えることなく作れ、洗いものも減らせます。薄いので火の通りが早く、便利。もちろん生のままサラダなどにも。

かぼちゃ
種とわたを取って2cm角に切り、保存容器に入れて保存。レンジで加熱してサラダに、スープや煮ものに。種やわたから傷みやすくなるので、買ってきたらすぐにとっておくと◎。

いつでも野菜を！まとめ切り野菜でできる3分おかず

かぼちゃのレンジサラダ

相性のいいヨーグルトマヨソースをかけて。
ソースを混ぜ込まず、かぼちゃそのものの甘みも味わいます。

1人分　241kcal ｜ 塩分0.2g

材料［2～3人分］

かぼちゃ（2cm角に切ったもの・→P14参照）…180g
A
┌ マヨネーズ…大さじ2
│ プレーンヨーグルト
│ 　　…大さじ1
└ 砂糖…小さじ½
くるみ（ロースト）…20g

作り方

1 Aは混ぜ合わせる。くるみは粗みじん切りにする。
2 かぼちゃは耐熱ボウルに入れ、ふんわりとラップをして電子レンジで4分30秒ほど加熱する。熱いうちにフォークで粗くつぶし、くるみを加えて混ぜて器に盛る。Aをかけていただく。

大根のバター炒め

バターじょうゆが後を引くおいしさ。
炒め時間を調整し、好みの食感に仕上げて。

1人分　79kcal ｜ 塩分0.8g

材料［2～3人分］

大根（太めのせん切り・→P14参照）…100g
バター…大さじ1と½
しょうゆ…大さじ½
かつお節…1パック（3g）

作り方

1 フライパンにバターを入れてこがさないよう中火で熱し、大根を1～2分、手早く炒める。透き通ってきたらしょうゆを加えて炒め合わせ、全体にからんだら火を止める。器に盛り、かつお節をのせる。

ピーマンのオイスター味炒め

オイスターソースでピーマンの苦みが抑えられて、子どもにも食べやすい味です。かくし味に砂糖を少し。

1人分　62kcal｜塩分0.9g

材料［2〜3人分］

ピーマン（縦半分に切る・→P14参照）…5切れ
A
　オイスターソース…大さじ½
　しょうゆ…小さじ1
　酒…大さじ½
　砂糖…小さじ1
白すりごま…小さじ1
サラダ油…大さじ½

作り方

1 ピーマンはひと口大の乱切りにする。Aは混ぜ合わせる。
2 フライパンにサラダ油を中火で熱し、ピーマンを炒める。ややしんなりしてきたら火を強め、Aを加えてさっと炒める。全体にからんだらすりごまをふり入れ、ざっと混ぜて火を止める。

にんじんのはちみつ梅あえ

ほんのり甘い梅干しのはちみつ漬けを使えば、味つけいらず。さわやかな酸味で食がすすみます。

1人分　22kcal｜塩分0.8g

材料［2〜3人分］

にんじん（ピーラーで薄く削る・→P14参照）…70g
梅干し（はちみつ漬け）…大2個

作り方

1 梅干しは種を除いて包丁で細かくたたく。
2 にんじんは耐熱ボウルに入れ、ふんわりとラップをして電子レンジで40秒ほど加熱する。1を加えて混ぜる。

ゆるストック法 4

「そのまま冷凍」でムダ買いストップ！調理時間の短縮にもなります

**たくさん出まわっているときにまとめ買いして冷凍！
お財布にもやさしいストック方法です**

すぐに傷んでしまう野菜も、冷凍保存なら長持ちするのがうれしいところ。厚切りの大根は、冷凍しておくことで繊維がこわれ、ぐんと火が通りやすく、味もしみ込みやすくなります。キャベツなどの葉もの野菜は熱湯をさっとかけるだけで調理が可能。トマトは冷凍することでうまみが増します。いずれもなるべく重ならないように保存袋に入れ、空気を抜いて冷凍します。

Point

野菜は切ったあと、キッチンペーパーで拭くか、ざるに上げて水分をきちんととって冷凍するのがコツ。

[保存期間]・冷凍3週間

大根
一部は7～8mm厚さのいちょう切りに、一部は2cm厚さの輪切りにし、保存袋に入れて冷凍。凍ったまま煮ものや炒めものに使えます。

キャベツ
キャベツは食べやすい大きさのざく切りに。凍ったまま調理OK。おひたしなどにしたいときは熱湯をかけるか電子レンジで解凍します。

じゃがいも
皮をむいて棒状に切り、たっぷりの水にさらしてまわりのでんぷんを落とします。キッチンペーパーで水けをよく拭いてから冷凍庫へ。

にんじん
4～5cm長さのせん切りにし、キッチンペーパーで水けを拭いてから冷凍。生食したい場合は流水にさらし、ほぐすようにして解凍します。

トマト
へたを取り、2cm角に切って冷凍します。凍ったまま煮込み料理に、自然解凍して肉料理や魚料理のソースがわりに使えます。

小松菜
根元を切り落とし、2～3cm長さに切って冷凍。アクも少ないので、熱湯をかけて水けを絞るだけでおひたしとして食べられます。

冷凍 大根 で

フライパンぶり大根

こっくりと味のしみた大根の煮ものが、10分で完成！
しみじみおいしく、ごはんがすすみます。

材料［2～3分］

ぶり（切り身）
　…2切れ
冷凍大根
　（いちょう切り・
　→P18参照）
　…150g
サラダ油…大さじ1
A
[酒…大さじ2
　砂糖…大さじ1と½
　みりん…大さじ1]
しょうゆ…大さじ2

作り方

1 ぶりは3～4等分のそぎ切りにする。
2 フライパンにサラダ油を中火で熱し、1を並べ入れる。動かさずに焼き、焼き色がついたら裏返す。
3 両面に焼き色がついたら大根を凍ったまま加え、水¼カップを注いでふたをし、弱めの中火で7～8分蒸し焼きにする。Aを加え、なじんだらしょうゆを加えて強めの中火にし、ときどきフライパンをゆすりながら2分ほど、汁けがなくなるまで煮る。

1人分　351kcal｜塩分2.7g

とろけるチーズの大根ステーキ

直接冷凍＆電子レンジの下ごしらえで、
芯までふっくら火の通ったステーキが短時間で作れます。

材料［2～3人分］

冷凍大根
　（2cm厚さの
　輪切り・→P18参照）
　…2切れ
スライスチーズ
　（溶けるタイプ）
　…2枚
サラダ油…大さじ1
黒いりごま…適量

作り方

1 大根は耐熱皿にのせ、ふんわりとラップをして電子レンジで6分ほど加熱する。
2 フライパンにサラダ油を中火で熱する。1を並べ入れ、あまり動かさずに2～3分焼き、焼き色がついたら裏返す。ふたをして10分ほど蒸し焼きにし、両面に焼き色をつける。
3 チーズをのせて弱火にし、ふたをしてさらに1～2分蒸し焼きにする。チーズが溶けたら器に盛り、ごまをふる。

1人分　146kcal｜塩分0.3g

冷凍 にんじん で

にんじんのたらこマヨサラダ

冷凍にんじんは、塩もみも下ゆでも不要！
適度な歯ごたえの、にんじんの風味豊かなサラダです。

材料［2～3人分］

冷凍にんじん
　（4～5cm長さの
　せん切り・→P18参照）
　…150g
A
┌ たらこ…50g
│ マヨネーズ…大さじ1
└ 砂糖…小さじ1

作り方

1 冷凍にんじんはボウルに入れ、流水でほぐすようにして洗い、ざるに上げて水けを絞る。
2 たらこはスプーンで身をこそげ出し、ボウルに入れて残りの**A**と混ぜ合わせる。にんじんを加えてあえる。

1人分　113kcal｜塩分1.3g

にんじんと卵のポン酢炒め

「あと一品欲しい……」というときに、
ストック素材だけでできるスピードおかず。

材料［2～3人分］

冷凍にんじん
　（4～5cm長さの
　せん切り・→P18
　参照）…100g
卵…2個
サラダ油…大さじ1
ポン酢しょうゆ
　…大さじ1と½

作り方

1 ボウルに卵を割りほぐす。
2 フライパンにサラダ油大さじ½を弱火で熱し、1を一気に流し入れる。菜箸で大きく混ぜながら炒め、ふんわりしたらすぐに取り出す。
3 フライパンに残りのサラダ油を熱し、にんじんを凍ったまま加えて炒める。にんじんがほぐれてしんなりしたら、ポン酢をまわしかけ、手早く炒める。2を戻し入れ、軽く炒め合わせる。

1人分　163kcal｜塩分1.0g

4 冷凍 キャベツ で

キャベツのぺたんこ餃子

ひだを寄せず、ぺたんと半分に折りたたむだけでOK!

材料[24個分]

餃子の皮…24枚
ひき肉だね
- 冷凍キャベツ(ざく切り・→P18参照)…50g
- 長ねぎ(みじん切り)…½本分
- 豚ひき肉…200g
- A
  - 酒…大さじ1
  - しょうゆ…小さじ2
  - ごま油…小さじ2
  - 塩・こしょう…各少々
サラダ油…大さじ2
酢・しょうゆ・ラー油…各適量

作り方

1 ボウルにひき肉を入れ、キャベツを凍ったまま砕いて加え、長ねぎとAも加えてよく練り混ぜる。
2 餃子の皮に1を等分にのせ、縁に水をつけて2つ折りにし、留める。
3 フライパンにサラダ油大さじ1を弱めの中火で熱し、餃子の半量を並べて3分ほど焼き、水¼カップを注いですぐふたをし、弱火で3～4分蒸し焼きにする。
4 ふたを取り、強めの中火にして水けを飛ばす。火をさらに強め、パリッとするまで焼く。残りも同様に焼く。酢、しょうゆ、ラー油などをつけて食べる。

1個分 46kcal 塩分0.1g

牛しゃぶサラダ

冷凍→解凍することでかさが減り、たっぷり食べられます。

材料[2～3人分]

冷凍キャベツ(ざく切り・→P18参照)…150g
牛薄切り肉(しゃぶしゃぶ用)…100g
プチトマト…5～6個
A
- 白すりごま…大さじ1と½
- 酢…大さじ2
- しょうゆ…大さじ1
- みりん(ラップせずに電子レンジで20秒加熱)…大さじ2
- ごま油…大さじ1

作り方

1 キャベツは耐熱ボウルに入れ、ふんわりとラップをして電子レンジで2分加熱する。ラップをしたまま冷まし、水けをきる。器にAを混ぜ合わせる。
2 鍋に湯を沸かし、牛肉を入れてさっとゆで、ざるに上げて水けをよくきる。
3 器に1と2、プチトマトを盛り、Aをかける。

1人分 336kcal 塩分1.4g

冷凍 トマト で

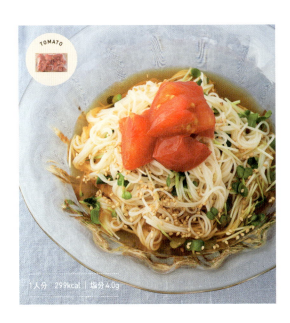

トマトのぶっかけそうめん

トマトはぜひ半解凍で。
シャリシャリとさわやかで、暑い日にもぴったり。

材料[2～3人分]

冷凍トマト(角切り・
　→P18参照)…150g
そうめん…3束
貝割れ菜…適量
A
　めんつゆ(3倍濃縮)
　　…大さじ2と1/2～3
　水…3/4カップ
白いりごま…適量

作り方

1 トマトは耐熱ボウルに入れてラップをせずに電子レンジで1分加熱し、半解凍しておく。貝割れは根元を切り、2～3cm長さに切る。**A**は混ぜ合わせる。

2 そうめんは袋の表示通りにゆでてざるに上げ、流水でしっかり洗って水けをよくきり、貝割れを混ぜ合わせる。

3 器に2を盛り、トマトをのせて**A**をかけ、ごまをふる。

1人分 299kcal｜塩分4.0g

カリッと豚のトマトソース

冷凍トマトとトマトケチャップ、
2つの異なるトマトのうまみでいただきます。

材料[2～3人分]

豚ロース薄切り肉
　(しょうが焼き用)…6枚
A
　冷凍トマト(角切り・
　　→P18参照)…80g
　トマトケチャップ
　　…大さじ1
　砂糖…小さじ1/2
　オリーブオイル
　　…大さじ1と1/2
塩・こしょう…各少々
サラダ油…適量

作り方

1 **A**のトマトは耐熱ボウルに入れてラップをせずに電子レンジで1分加熱する。残りの**A**を加え、トマトをつぶすように混ぜ合わせる。

2 豚肉は軽く塩、こしょうをふる。フライパンにサラダ油を中火で熱し、豚肉を並べ入れる。あまり動かさずに焼き、焼き色がついたら裏返し、両面をカリッと焼く。器に盛り、1をかける。

1人分 489kcal｜塩分0.8g

ゆるストック法
4

冷凍 じゃがいも で

1人分 134kcal | 塩分 0.2g

じゃがいもの粉チーズ炒め

ほっくりしたじゃがいもに粉チーズがからんで、
子どもに喜ばれます。おつまみにもgood！

材料［2〜3人分］

冷凍じゃがいも
　（拍子木切り・
　→P18参照）…150g
オリーブオイル
　…大さじ1
粉チーズ
　…大さじ1と½

作り方

1 フライパンにオリーブオイルと冷凍じゃがいもを凍ったまま入れて中火にかける。さっと炒めたら、ふたをして弱めの中火にし、2分蒸し焼きにする。
2 ふたを取り、残っている水けをキッチンペーパーで拭き取り、じゃがいもの表面の汁を飛ばすように炒める。粉チーズをふり、さっと炒め合わせる。

フライドポテト

水分が閉じ込められ、ホクホクに！
大人用には黒こしょうをたっぷりふって。

材料［2〜3人分］

冷凍じゃがいも
　（拍子木切り・
　→P18参照）
　…100〜120g
揚げ油…適量
塩…小さじ¼〜⅓
粗びき黒こしょう・
　トマトケチャップ
　（好みで）…各適宜

作り方

1 フライパンに冷凍じゃがいもを凍ったまま入れ、かぶるくらいのサラダ油を注ぎ入れる。中火にかけ、ときどき混ぜながら5〜6分揚げる。全体に乾いた感じになったら強めの中火にして、カラッと揚げる。
2 油をきって器に盛り、塩と好みで黒こしょうをふる。ケチャップを添える。

1人分 67kcal | 塩分 1.0g

ゆるストック技 4

冷凍 小松菜 で

小松菜とツナのさっと煮

ツナのうまみで、だしいらずのスピード煮もの。
子ども用にはごはんにのせてどんぶり仕立てにしても。

材料[2〜3人分]

冷凍小松菜
　（2〜3cm長さ・
　→P18参照）…100g
ツナ缶…1缶(70g)
しょうゆ…小さじ1
塩…少々

作り方

1 鍋に水½カップと缶汁をきったツナを加えて中火にかけ、煮立ったら小松菜を凍ったまま加えて1〜2分煮る。しょうゆ、塩で味を調える。

POINT

子どもにしっかり食べさせたい、カルシウムが豊富な小松菜。小松菜は意外と繊維が気になる野菜ですが、短めに切ってあること、冷凍して繊維がこわれることで食べやすくなります。

1人分 103kcal｜塩分1.2g

小松菜と豚肉のとろみ炒め

とろみ用の片栗粉は、ほかの調味料と合わせておくとまんべんなく行き渡り、手間も減らせます。

材料[2〜3人分]

冷凍小松菜
　（2〜3cm長さ・
　→P18参照）…150g
豚バラ薄切り肉…120g
A
　水…大さじ2
　鶏ガラスープの素
　　（顆粒）…小さじ⅓
　塩…小さじ⅓
　こしょう…少々
　片栗粉…小さじ½
サラダ油…大さじ½

作り方

1 豚肉は3cm幅に切る。Aは混ぜ合わせる。

2 フライパンにサラダ油を中火で熱し、豚肉を炒める。肉の色が変わったら、小松菜を凍ったまま加え、ふたをして弱めの中火で2分ほど蒸し煮にする。Aをもう一度混ぜてから加え、とろみがつくまで手早く炒める。

1人分 279kcal｜塩分1.3g

COLUMN

気持ちもラクになる調理のアイディア

すきま時間でできる調理の時短技や悩んだときの味つけのヒントあれこれ。
覚えておくと、ごはん作りがラクになります。

IDEA MEMO 1 葉もの野菜は ざく切りにしてゆでる

ほうれん草や小松菜など、葉もの野菜は根元に入った土がやっかい。根元を切り落としてから洗うとぐっとラクになります。あえものや炒めものなど、きれいにそろえて盛りつけなくてもいいのなら、ざく切りにしてから洗ったり、ゆでるとさらに簡単です。

IDEA MEMO 2 青菜は「オイルゆで」で炒めたようなコクが出る!

チンゲン菜や小松菜の油炒め。シンプルでおいしいですが、「メインも副菜も炒めものになっちゃった!」なんてことも。そんなときはオイルゆで。青菜を塩ゆでするとき、湯にごま油を大さじ1~2杯加えると、全体に油がからんでコクが出ます。食べるときにしょうゆやオイスターソースをたらせば、あっという間に副菜の完成。

IDEA MEMO 3 使い残したにんにくは オイル漬けに

ちょっとだけ使い残したにんにくは、オリーブオイルに漬けて冷蔵庫で保存を。オイルににんにくの香りが移り、自家製ガーリックオイルになります。漬けたにんにくは、次に調理するときに使用してもOK。余裕があれば薄切りやみじん切りにして漬けておくと、大きなかけらよりも使いやすくなります。

IDEA MEMO 4 骨つき肉は レンジでチンしてから加熱

骨つきの手羽肉は、食べごたえがあって食卓もゴージャスになりますが、火が通りにくいのが難点。煮るにしても焼くにしても、揚げるにしても、先に電子レンジで2~3分加熱しておくと、生焼け防止になって、調理時間の短縮にもつながります。

IDEA MEMO 5 チャーハンのごはんは 先に温めておく!

「パラパラのチャーハンを作るには、冷やごはんを使うといい」という説もありますが、これは火力の強いコンロを使うプロの技。家庭のコンロでは、むしろ、温かいごはんのほうがパラリと仕上がります。先にごはんと溶き卵を混ぜておく方法もおすすめ。ごはんの粒が卵でコーティングされ、パラパラに!

IDEA MEMO 6 ただ焼くだけじゃもったいない! 安くて使える「塩鮭」は万能選手

お財布にうれしい甘塩鮭。そのまま焼くのはもちろん、トマト煮にしたり(→P40参照)、炊き込みごはんにしたりといろいろ活用できます。ごはんを炊くときは生のまま加え、いつも通りに炊き上げます。骨と皮を除き、ざっとくずしながら混ぜ、のりやいりごまをふれば完成。好みでしょうゆやバターを加えてもおいしいですよ。

調味料を味方につけて
レパートリーを増やす

ポン酢 は炒めものにも重宝

もやしと豚バラ薄切り肉を重ね、電子レンジでチン。ポン酢しょうゆをまわしかけるだけで一品になります。かけるだけでなく、炒めものにも使えるのがポン酢のいいところ。豚バラ肉とまいたけをさっと炒め、ポン酢で調味するのもおすすめです。いずれもシンプルな分、おいしいポン酢を選ぶのがコツ。

すし酢 ならピタリと味が決まる

すし酢はすし飯だけでなく、酢のものの合わせ酢としても使えます。水と1：1の割合で割って、ピクルス液にしてもOK。オイルを加えればドレッシングにもなります。少し甘みがあって、コールスローにぴったりです。

焼き肉のたれ も調理に活用

焼き肉のたれも調味料のひとつとして活用しましょう。まぐろのブツ切りの刺身に少しまぶして、ごま油をふればユッケ風に。ぶり大根は、しょうゆや砂糖の量を減らして焼き肉のたれを少量加えると、韓国風のこってり味に変身します。

昆布茶 はうまみのかたまり

昆布を粉末状に加工した昆布茶。「味がもの足りない……」というときにひとふりすると、ぐんとうまみが増します。あえものにふったり、和風パスタに加えたり、湯で溶いて塩味を少し補えば、うどんだしとしても使えます。

IDEA MEMO 7 — 卵は ラスト2〜3個 になったら ゆで卵 にしてしまう

卵を1パック買って、残り2〜3個になったらゆでてストック！ サラダの彩りに、サンドイッチに、タルタルソースに……冷蔵庫にゆで卵があると、メニューの幅が広がります。「ラスト2個でゆでる」など、ゆるいルールを設けておくと、在庫管理がしやすくなりますね。

IDEA MEMO 8 — 困ったときの 「コンソメ煮」

半端に残ってしまったキャベツやじゃがいも、にんじんなどは、コンソメの素でスープ煮に。薄味に仕上げておけば、そこからカレー味にしたり、トマトの水煮缶をプラスしたりと変化がつけやすくなります。長ねぎもざくざく切ってコンソメ煮にすると、甘みが出て子どもでも食べやすく、肉や魚料理のつけ合わせにも活用できます。

IDEA MEMO 9 — 炒め玉ねぎは 電子レンジで

ハンバーグに欠かせない炒め玉ねぎ。みじん切りにし、さらに炒めるとなるとハードルが高い！ だったら、電子レンジにおまかせを。刻んで耐熱ボウルに入れ、オリーブオイルをまわしかけ、ラップをして電子レンジで5分ほど加熱すればOK。時間があれば、まとめて「香味野菜炒め」を作っておくのもおすすめ（→P88参照）。

メインのおかずは、"2食分"をまとめ作り リメイク技で「またコレ〜?」とは言わせない!

「作った日」と「翌々日」のおかずをまとめて調理

常備菜は作っておきたい、でも、何品も作ると貴重な休日も、半日がつぶれてしまいませんか? その上、食べきれなかったり、食べるのを忘れてしまったり。おすすめは、一度に2食分を作り、1日おいて食べる方法。同じおかずが2日連続だと飽きてしまいますが、翌々日なら、その心配もなし。そのまま食べてもいいし、シンプルな味つけならリメイクもOK。まったく別の味わいになりますよ。

まとめ作りのおかず・1

豚のしょうが焼き

材料[2〜3人×2回分]

豚ロース薄切り肉
　(しょうが焼き用)…500g
薄力粉…適量
おろししょうが…1かけ分
白いりごま…適量
A
　┌ しょうゆ…大さじ2
　│ 酒…大さじ2
　│ 砂糖…小さじ2
　└ しょうがの絞り汁…小さじ2
サラダ油…大さじ1
レタス(ちぎる・→P10参照)
　…適量

作り方

1 豚肉は筋と肉の境目にところどころ切り目を入れて、薄力粉を薄くまぶす。Aは混ぜ合わせる。
2 フライパンにサラダ油を中火で熱し、豚肉をなるべく重ならないように入れる。あまり動かさずに2分焼き、裏返してさらに1〜2分焼く。キッチンペーパーで余分な脂を拭いてAをまわし入れ、強めの中火にする。フライパンをゆすりながら煮詰め、照りが出たら火を止める。レタスとともに器に盛り、ごまをかける。大人用は肉の上におろししょうがをのせる。

1人分 408kcal｜塩分1.4g

[保存期間]・冷蔵2〜3日
・冷凍3週間

大人用には
おろししょうがをのせて

ゆるストック№ 5

豚のしょうが焼き をリメイク!

しょうが焼きと冷凍キャベツのカレーマヨ蒸し

蒸すと肉がふっくらして、やわらかに。たれがしみたキャベツもおいしい。

1人分　557kcal｜塩分1.8g

材料［2〜3人分］

豚肉のしょうが焼き
　（→P28参照）…6枚
　（200〜250g）
冷凍キャベツ
　（ざく切り・→P18参照）
　…150g
A
├ マヨネーズ…大さじ3
├ 酒…大さじ1
└ カレー粉…小さじ1

作り方

1　**A**はよく混ぜ合わせる。
2　フライパンにキャベツを凍ったまま敷き、しょうが焼きをのせて**1**をまわしかける。ふたをして弱めの中火で3〜4分蒸し焼きにする。

豚のしょうが焼き をリメイク!

しょうが焼きとトマトのチーズグリル

甘辛いしょうゆ味は、洋風の組み合わせにもピタリとマッチ。こんがりこげめをつけてどうぞ。

1人分　500kcal｜塩分1.7g

材料［2～3人分］

豚肉のしょうが焼き
　（→P28参照）…8枚
　（250～300g）
トマト…1個
ピザ用チーズ…30g

作り方

1 トマトはへたを取って7～8mm幅の薄いくし形に切る。オーブントースターを温め始める。
2 耐熱容器にトマト、しょうが焼き、トマトの順に重ね入れ、チーズを散らす。トースターで10分ほど焼く。

ゆるストック技

5

メインのおかずは、"2食分"をまとめ作り
リメイク技で「またコレ〜?」とは言わせない!

みんな大好きから揚げは一度にもも肉3枚分を揚げてしまう!

まとめ作りのおかず・2

鶏のから揚げ

材料【2〜3人×2回分】

鶏もも肉…大3枚
（700〜750g）
A
[しょうゆ…大さじ1と½
  酒…大さじ1と½
  しょうがの絞り汁
  　…大さじ1（1かけ分）]
片栗粉…適量
揚げ油…適量
きゅうり（棒状に切る・
　→P10参照）…1本分
レモン（くし形切り）…適量

作り方

1 ボウルに**A**を入れて混ぜ合わせる。鶏肉は余分な脂を除いて大きめのひと口大に切り、**A**のボウルに加える。上下をときどき返しながら15分ほどおき、片栗粉を加えてよくもみ込むように粉を全体になじませる。

2 フライパンに揚げ油を深さ2cmほど注ぎ、170℃に熱する。1の鶏肉の皮を下にして入れ、3〜4分揚げる。上下を返して2〜3分揚げ、火を少し強めてさらに1分ほど揚げる。油をよくきって器に盛り、きゅうりとレモンを添える。

1人分　357kcal｜塩分1.2g

【保存期間】・冷蔵3〜4日
　　　　　・冷凍3週間

鶏のから揚げ をリメイク!

酢鶏

甘ずっぱいたれをからめて「酢豚」ならぬ「酢鶏」にアレンジ。ストック野菜を組み合わせるとスピーディ。

1人分　317kcal　塩分2.4g

材料［2～3人分］

鶏のから揚げ
　（→P32参照）…6～7個
玉ねぎ…½個
ピーマン…大1個
ゆでにんじん（乱切り・→P12参照）
　…12個（50g）
A
```
水…½カップ
砂糖…大さじ1
酢…大さじ1
しょうゆ…大さじ1
トマトケチャップ…大さじ1と½
片栗粉…小さじ1
```
サラダ油…大さじ½
ごま油…小さじ½

作り方

1 玉ねぎは2cm角に切る。ピーマンはへたと種を除いて小さめの乱切りにする。**A**は混ぜ合わせる。

2 フライパンにサラダ油を中火で熱し、玉ねぎを軽く炒める。ピーマンを加えて炒め合わせ、少ししんなりしたら**A**をもう一度混ぜてからまわし入れる。ひと煮立ちしたら、から揚げとにんじんを加えてざっと混ぜ、1分ほど煮る。ごま油をまわし入れて火を止める。

鶏のから揚げ をリメイク!

チキン南蛮

意外に大変なタルタルソース作り。から揚げが完成していれば、気楽に挑戦できます。

1人分 369kcal | 塩分1.5g

材料 [2〜3人分]

鶏のから揚げ
　(→P32参照)…6〜8個
ポン酢しょうゆ…適量
A
　┌ 玉ねぎ(みじん切り)…¼個分
　│ マヨネーズ…大さじ3
　│ 牛乳…大さじ1
　│ パセリ(みじん切り)
　└ 　…適量
キャベツ(太めのせん切り・
　→P10参照)…適量
プチトマト…4個

作り方

1 耐熱ボウルにから揚げを入れ、ラップをせずに電子レンジで1分加熱する。ポン酢をまわしかけて混ぜ、全体にからめる。
2 **A**の玉ねぎは塩少々(分量外)をふってから水に2〜3分さらし、水けを絞る。残りの**A**と混ぜ合わせる。
3 器にキャベツとプチトマトを盛り、**1**をのせて**2**をかける。

5 ゆるストック技

> メインのおかずは、"2食分"をまとめ作り
> リメイク技で「またコレ〜？」とは言わせない！

さばは、アレンジの幅が広がるソース味の煮ものに

まとめ作りのおかず・3

さばのウスターソース煮

材料［2〜3人×2回分］

さば（切り身・半身）
　…大2切れ
A
　┌ 水…1カップ
　│ 酒…大さじ1
　│ コンソメ（顆粒）
　│ 　…小さじ1/3
　│ ウスターソース
　│ 　…大さじ2
　└ 砂糖…小さじ1と1/2
サラダ油…大さじ1/2
ゆでほうれん草
　（→P12参照）…200g

作り方

1 さばは3cm幅に切る。
2 フライパンにサラダ油を中火で熱し、さばの皮目を上にして入れる。あまり動かさずに焼き、薄く色づいたら裏返して色よく焼く。**A**を順番に加え、アルミホイルで落としぶた（フライパンよりひとまわり小さく成形したもの）をのせ、弱めの中火で15分ほど煮る。器に盛り、ほうれん草を添える。

1人分　301kcal｜塩分1.2g

［保存期間］・冷蔵3〜4日
　　　　　・冷凍2週間

ごはんにも
パンにも合う！

さばのウスターソース煮をリメイク!

さばチャーハン

さばフレークは、ボリュームもあってアレンジ自在。まずはチャーハンでどうぞ。

1人分　586kcal｜塩分2.6g

材料[2〜3人分]

さばのウスターソース煮
　(→P36参照)…3切れ
ごはん(温かいもの)
　…茶碗2杯分
卵…2個
サラダ油…大さじ1
塩…適量
こしょう…少々
しょうゆ…小さじ1
小ねぎ(小口切り)…6〜7本分

作り方

1 さばは骨を取り除き、大きめにほぐす。ボウルに卵を割りほぐし、塩少々を加えて混ぜる。

2 フライパンにサラダ油を中火で熱し、卵液を一気に流し入れる。菜箸で大きく混ぜながら炒め、ふんわりしたところにごはんを加えて手早く炒め合わせる。全体になじんだら、1のさばを加え、塩小さじ1/3、こしょうで味を調える。

3 しょうゆを鍋肌からまわし入れ、小ねぎを加えて炒め合わせる。

さばのウスターソース煮をリメイク！

さばときゅうりのレモンマヨあえ

さばのソース煮は、冷たいままでもおいしくいただけます。レモンを絞ってさわやかなあえものに。

1人分　281kcal ｜ 塩分1.0g

材料［2〜3人分］

さばのウスターソース煮
　（→P36参照）…4切れ
きゅうり…1本
A
[レモン汁…½個分
　マヨネーズ
　　…大さじ1と½
　砂糖…小さじ½]

作り方

1 さばは骨を取り除き、大きめにほぐす。きゅうりはポリ袋に入れてめん棒などでたたき、食べやすく割る。塩少々（分量外）をふってもみ、軽く水けを絞る。
2 ボウルに**A**を混ぜ合わせ、1を加えてあえる。

> メインのおかずは、"2食分"をまとめ作り
> リメイク技で「またコレ〜?」とは言わせない!

甘塩鮭は、塩けを生かしてトマト煮に

まとめ作りのおかず・4

鮭のトマト煮

材料[2〜3人×2回分]

- 甘塩鮭(切り身)…6切れ
- トマト…2個
- 酒…大さじ2
- オリーブオイル…大さじ1
- ゆでブロッコリー
  (→P12参照)…40g
- 粉チーズ…少々

作り方

1. トマトはへたを取ってざく切りにする。
2. フライパンに鮭を並べ、トマトと酒、オリーブオイルを加える。ふたをして弱めの中火にかけ、7〜8分煮る。そのまま冷まし、汁ごと保存する。器に盛り、ブロッコリーを添え、粉チーズをふる。

1人分 353kcal | 塩分2.8g

[保存期間]・冷蔵4〜5日
・冷凍2週間

うまみが溶け出した
煮汁もおいしい

鮭のトマト煮 をリメイク!

サーモントマトパスタ

煮汁に少し調味料を足して、水菜を加えるだけ。子どもも食べやすい、やさしい味のパスタです。

1人分 513kcal｜塩分2.6g

材料［2〜3人分］
鮭のトマト煮(→P40参照)
　…1と½切れ
トマト煮の煮汁(→P40参照)
　…½カップ
スパゲッティ…160g
水菜…1株
オリーブオイル…大さじ½
塩…小さじ¼
しょうゆ…小さじ1

作り方
1 トマト煮の鮭は骨を取り除き、大きめにほぐす。
2 水菜は根元を切り落とし、1cm長さに切る。
3 ボウルに1とトマト煮の煮汁、オリーブオイルを入れて混ぜ、塩、しょうゆを加えて混ぜる。
4 スパゲッティは表示通りにゆでてざるに上げ、水けをしっかりきる。3のボウルに入れ、2を加えてよくあえる。

鮭のトマト煮 をリメイク！

鮭となすのしそ風味炒め

なすやしそと合わせ、和風にアレンジ。なすをとろりと煮ると、ちびっこでも食べやすい。

1人分 239kcal｜塩分2.3g

材料［2〜3人分］

鮭のトマト煮（→P40参照）
　…1と½切れ
トマト煮の煮汁（→P40参照）
　…大さじ1
なす…2本
青じそ…2〜3枚
ごま油…大さじ1
酒…大さじ½
しょうゆ…大さじ½
和風だしの素（顆粒）
　…小さじ½

作り方

1　トマト煮の鮭は骨を取り除き、大きめにほぐす。なすはへたを取り、縦半分に切ってからひと口大の乱切りにする。青じそは粗みじん切りにする。
2　フライパンにごま油を中火で熱し、なすをさっと炒める。トマト煮の煮汁を加え、ふたをして弱めの中火で1〜2分蒸し煮にする。
3　しんなりしたら1の鮭を加えて炒め、酒と和風だしの素、しょうゆで味を調える。器に盛り、しそを散らす。

第2章

これでもうストレスフリー！
献立のお悩み解消技

メインのおかずが決まっても、なにを合わせていいかわからない。
「献立を考えるのがストレス」というママも多いようです。
難しく考えず「この料理にはこの副菜」と、パターンを作るのも手。
おうちごはんは毎日のこと。いつも特別じゃなくたっていいんです！

ごはんまだかな〜

お悩み解消技 1

週に一度の「ルーティンメニュー」を決めてしまうとラク！

買い物のたびに献立に頭を悩ませるストレスから解放！

「今夜の献立、どうしよう……」。意外とストレスとなるのが、日々のメニュー決め。思いきって「金曜日はカレーの日」「冬の間は、週に一度はお鍋」など、作り慣れたおなじみの料理をルーティンで出してしまうのも手です。1週間の中で、軸になるメニューがあると、買い物も効率的にできて、リズムもつけやすくなります。無意識に頻繁に作ってしまうこともなくなって、「またこれ〜？」と言われる失敗もなし！ ときどきは「在庫一掃の日」と決めて冷蔵庫の中身を使いきるように心がければ、食材の使い残しも防げます。

例えば… ＼金曜日はカレーの日！／ ＼週に一度は鍋料理／

カレーの日なら、こんな具材がオススメ！

材料を切る手間が少なく、火の通りの早い食材を選べば、カレーも15分で完成します。

idea 1
ひき肉 × ドライパックの豆

包丁いらずで、火の通りも早い素材の組み合わせ。ひき肉は小分けにして冷凍しておくと、思い立ったときにすぐに作れます。余裕があれば、玉ねぎやにんじんをプラスすると、見た目の彩りも栄養価もアップ！

idea 2
薄切り肉 × きのこ × トマト

きのこにトマト、うまみの出る素材を複数組み合わせると、煮込む時間が短くても味に奥行きが出ます。水の1/3〜半量程度をトマトジュースにすると、ハヤシライスのような味わいになり、子どもにも人気。肉はかたまりよりも、火の通りの早い薄切りを選んで。

idea 3
シーフードミックス × 冷凍野菜

冷凍野菜は火の通りが早いので、炒めて水を注ぎ、煮立ったらすぐにルーを入れてOK！シーフードミックスだけでカレーを作り、ゆで野菜（→P12参照）をたっぷりトッピングするのもおすすめです。

お悩み解消技 2

品数、彩り、栄養バランスが考えられないときは「ひと皿で多品目料理」を！

野菜たっぷりにすればおなかも気持ちも大満足

家族のために、毎日バランスのいい食事を作りたい！　そう思ってはいても、くたびれている日、時間がない日はカンペキにはいかないのが現実です。おうちごはんは毎日のこと。毎食がごちそうじゃなくても、品数が少なくてもいいんです。もっと楽な気持ちで、疲れている日は具だくさんの汁ものやごはんで乗り切りましょう。一品にさまざまな具材を入れることで、栄養もとりやすくなります。ごはんや汁ものにボリュームがあれば、あとはゆで野菜でパパッとあえものにしたり、漬けものを添えたりするだけで、満足な晩ごはんになりますよ。

きのこの豚汁

いいだしが出るきのこを数種類合わせると、ぐっと深みのある味に。
豚肉入りなので、メインのおかずなしでも満足感が高まります。

1人分　272kcal｜塩分2.5g

材料［2〜3人分］

豚バラ薄切り肉…100g
しめじ…½パック(50g)
生しいたけ…1個
なめこ…½袋
にんじん…¼本
だし汁…2と½カップ
サラダ油…小さじ1
みそ…大さじ2

作り方

1　豚肉は3cm幅に切る。しめじは石づきを落とし、小房に分けて食べやすく切る。しいたけは石づきを落として1cm角に切る。なめこはざるにあけ、流水で洗ってぬめりを落とす。にんじんは薄いいちょう切りにする。

2　鍋にサラダ油を中火で熱し、豚肉を炒める。色が変わったらだし汁を注ぎ入れ、煮立ったらにんじんを加える。2分ほど煮たらきのこを加え、アクを除いて弱火にし、1〜2分煮る。みそを溶き入れ、火を止める。

もやしののりあえ
(→p.12参照)

トマトとチンゲン菜の中華卵とじスープ

シャキシャキとしたチンゲン菜と、トマトのさわやかな酸味がマッチ。
卵は汁が充分温まってから入れると、ふんわりします。

1人分 74kcal｜塩分1.2g

材料［2〜3人分］

トマト…1個
チンゲン菜…1株
卵…1個
鶏ガラスープの素（顆粒）
　…小さじ1/3
酒…小さじ1
塩…小さじ1/4
しょうゆ・ごま油…各少々

作り方

1 トマトはへたを取ってざく切りに、チンゲン菜は2cm幅に切る。ボウルに卵を割りほぐす。
2 鍋に水2カップと鶏ガラスープの素を入れて火にかける。煮立ったら中火にし、チンゲン菜の茎を先に入れ、少し煮たら葉の部分とトマトを加える。ひと煮したら、酒、塩、しょうゆで味を調え、ごま油を加える。1の溶き卵をまわし入れ、ふんわりしたら火を止める。

豆腐と納豆の豆乳みそ汁

3つの大豆製品をフル活用！
納豆のおかげでとろりと、まろやかなコクが出ます。

1人分 148kcal ｜ 塩分 1.7g

材料 [2～3人分]

絹ごし豆腐…⅓丁（100g）
ひきわり納豆
　…1パック（40～50g）
だし汁…1と½カップ
豆乳…1カップ
みそ…大さじ1と⅓
小ねぎ（小口切り）…適量

作り方

1 豆腐は2cm角に切る。
2 鍋にだし汁を入れて火にかける。煮立ったら中火にして納豆と豆腐を加え、2～3分煮る。豆乳を加えて少し煮て、みそを溶き入れる。1分ほど煮て、火を止める。器に盛り、小ねぎを散らす。

丸ごとチキンのにんじんごはん

鶏もも肉をのせて炊き上げれば、ごはんとおかずが同時にできちゃう。
にんじんが苦手な子でも、チーズを散らせばパクパク完食！

1人分 509kcal｜塩分 1.8g

材料［2〜3人分］

米…2合
鶏もも肉
　…1枚（約250g）
にんじん…½本
プロセスチーズ…20g
塩・こしょう…各少々

A
［　酒…大さじ1
　　塩…小さじ½
　　コンソメ（顆粒）
　　　…小さじ½　］
パセリ（あれば）…適宜
プチトマト…4個

作り方

1. 米は洗ってざるに上げる。鶏肉は余分な脂を取り除き、フォークで皮目を数か所刺し、全体に塩、こしょうを軽くふる。にんじんはたわしでよく洗い、皮つきのまますりおろす。チーズは1cm角に切る。
2. 炊飯器の内釜に米を入れ、2合の目盛りまで水を注ぐ。**A**を加えてよく混ぜ、**1**の鶏肉をのせて普通に炊く。
3. 炊き上がったら鶏肉を取り出す。ごはんに**1**のにんじんを加え、よく混ぜる。
4. 鶏肉を食べやすく切って**3**とともに器に盛り、ごはんにチーズと刻んだパセリを散らす。プチトマトを添える。

たっぷりごまとさつまいもの混ぜごはん

温かいごはんにレンジ加熱したさつまいもと
ごまをた〜っぷり混ぜて香ばしく。カルシウム補給にもなります。

1人分 469kcal｜塩分1.0g

材料［2〜3人分］

ごはん（温かいもの）…500g
さつまいも…250g
黒すりごま…大さじ4
塩…小さじ½

作り方

1 さつまいもはたわしでよく洗い、皮つきのまま1cm厚さのいちょう切りにして耐熱ボウルに入れ、水に1〜2分さらす。水を捨て、ふんわりとラップをして電子レンジで4分30秒加熱し、塩をまぶす。
2 ボウルにごはんを入れ、ごまを加えてよく混ぜる。**1**のさつまいもを加えてさらに混ぜる。

えびと豚ひき肉の中華炊き込みごはん

えびと豚肉、ダブルのうまみが後を引きます。
具材は米に混ぜずにのせるほうが、炊きムラができません。

1人分　550kcal｜塩分3.4g

材料［2〜3人分］

米…2合
豚ひき肉…150g
えび（殻つき・ブラックタイガーなど）…中8尾
ごま油…大さじ½
A
　酒…大さじ2
　しょうゆ…小さじ2
　塩…小さじ½
　鶏ガラスープの素（顆粒）…小さじ⅓
ザーサイ（味つき）…30g
白いりごま…適量
小ねぎ（小口切り）…適量

作り方

1. 米は洗ってざるに上げる。えびは殻をむく。ザーサイは粗いみじん切りにする。
2. フライパンにごま油を中火で熱し、ザーサイを炒め、香りが立ったらひき肉を加えてポロポロになるまで炒める。
3. 炊飯器の内釜に米を入れ、2合の目盛りまで水を注ぐ。**A**を加えて軽く混ぜ、**2**とえびをのせて混ぜずに普通に炊く。
4. 炊き上がったら器に盛り、ごまと小ねぎを散らす。

お悩み解消技

3

つけ合わせの野菜は、いつも同じものだっていい！
そう割り切れば、地味なストレスともサヨナラ

生野菜でもゆで野菜でも、ストックを上手に活用して

メインのおかずが決まっても、つけ合わせの野菜が決まらない。でも何も添えないのも、お皿がさみしいし……。悩むくらいなら、ここは割り切って「いつも同じもの」にしたってよし！　生野菜でもゆで野菜でも、ストックしてあるものを上手に活用しましょう。「揚げものにはせん切りキャベツ」「ソテーにはゆで野菜」など、パターン化してしまうのも一案です。ほかの料理にも使いやすい野菜、家族が好きな野菜、緑＋赤や緑＋黄など野菜の彩りで選んでもいいですね。

Point

たとえばこんな野菜を組み合わせて

せん切りキャベツ

野菜は切ってストックしておく（→P10）と、つけ合わせにも活躍。キャベツは消化を促進する働きがあるので、揚げものや肉料理にぴったり。

ゆでもやし

ゆで野菜のストック（→P12）を使って。淡泊なもやしは、しょうが焼きなど、味の濃いおかずと好相性。たれをからめながら食べるのもおいしい。

ゆでブロッコリー＆にんじん

ゆで野菜ストック（→P12）で紹介したブロッコリーとにんじんの組み合わせ。軽くバターでソテーすると、またひと味違った味わいになります。

ラクしてテーブルが華やかになる！
フライパンごと食卓に出せる料理を覚えておこう

見栄えよく、盛りつけや洗いものの手間いらず

新しい料理に挑戦する余裕はないけれど、メニューがマンネリ化してきて、子どもの食もすすまない……。そんなときは、見た目に変化をつけてみて。おすすめは、フライパンごと食卓に出せる料理。イベント的な華やかさがあって、子どもはワクワク！　盛りつけや洗いものの手間が減らせて、ママもいいこと尽くめです。フライパングラタンは、ホワイトソースに直接マカロニを入れて煮込む、お手軽レシピ。こげめこそつきませんが、チーズのコクでおいしくいただけます。

フライパングラタン

1人分　484kcal｜塩分2.3g

マカロニは下ゆで不要。鶏肉はあれば親子丼用を使うと切る手間を省けます。
余裕がある日は、カリカリにいったパン粉をふりかけて食感アップ！

材料［2～3人分］

マカロニ（ゆで時間9分
　タイプ）…50g
鶏むね肉
　…120～130g
ゆでブロッコリー
　（→P12参照）…40g
玉ねぎ（粗みじん切り）
　…¼個分
むきえび…100g
塩・こしょう…各少々

ホワイトソース
　バター…大さじ1
　薄力粉…大さじ3
　コンソメ（顆粒）
　　…小さじ½
　牛乳…1カップ
　塩…小さじ¼
　こしょう…少々
ピザ用チーズ…40g

作り方

1　鶏肉は小さめのひと口大に切り、軽く塩、こしょうをふる。えびはあれば背わたを除く。

2　ホワイトソースを作る。フライパンにバターを中火で熱し、玉ねぎを炒める。しんなりしたら鶏肉を加えて炒め、肉の色が変わったら薄力粉をふり入れる。粉っぽさがなくなったら水1と¼カップを2～3回に分けて加え、コンソメも加える。

3　マカロニを加え、煮立ったら弱火にし、ふたをして5～6分煮る。牛乳を2～3回に分けて入れ、えびを加える。ときどき混ぜながら3～4分煮て、塩、こしょうで味を調える。

4　ブロッコリーをのせてチーズを散らし、ふたをして弱火で1～2分煮る。ソースが煮詰まり、チーズが溶けたら火を止める。

パン粉をふっても！

具材はお好みで！

キムチ、コチュジャンは
大人向け

グリルパンピザ

魚焼きグリルに入る、薄型のグリルパンならピザもそのまま焼けます。

1枚分　388kcal｜塩分1.7g

※残った生地は3等分してラップに包み、冷蔵庫で2〜3日、冷凍庫で1か月保存可能。

材料［直径20cmのもの4枚分］

生地(4枚分)
- 薄力粉・強力粉…各100g
- ベーキングパウダー…小さじ½
- 砂糖…小さじ1
- 塩…小さじ½
- 水…½カップ
- オリーブオイル…大さじ2

トマトソースと具(1枚分)
- トマトケチャップ…大さじ2と½
- オリーブオイル…大さじ1
- パセリ(乾燥)…適宜
- プチトマト…5個
- ウインナソーセージ…2〜3本
- コーン(缶詰または冷凍)…20g
- ピザ用チーズ…60g

下準備
- プチトマトはへたを取って横半分に切る。
- ソーセージは4〜5mm幅に切る。
- トマトソースの材料は混ぜ合わせる。

作り方

1. 生地を作る。大きめのボウルに水とオリーブオイル以外の材料を入れて、スプーンでよく混ぜる。中心をくぼませて水とオリーブオイルを入れ、くぼみに周囲の粉を入れるようにして混ぜる。ひとまとまりになったら、生地を手のひらで押しては半分に折るをくり返す。5分ほどして生地が均一になり、耳たぶくらいのかたさになったら、ラップで包んで常温のまま10分ほどおき、4等分する。
2. グリルパンにオリーブオイル(分量外)を薄くひき、**1**の¼量をグリルパンの直径に合わせて手で薄くのばす。グリルに入れて2分焼いてからトマトソースを塗り、プチトマト、ソーセージ、コーン、チーズを散らしてさらに3分ほど焼く。あればバジル(分量外)を飾る。

フライパンビビンバ

ごま油で焼けたごはんの香ばしいこと！　野菜も肉もたっぷりのせてどうぞ。

1人分　657kcal｜塩分2.8g

材料［2〜3人分］

- ごはん(温かいもの)…300〜500g
- 牛カルビ肉(焼き肉用)…200g

A
- しょうゆ…大さじ1
- はちみつ…大さじ½

- もやし…100g
- 冷凍にんじん(→P18参照)…100g
- きゅうり…1本

B
- おろしにんにく…少々
- 白すりごま…大さじ2
- ごま油…大さじ2
- 塩…小さじ⅔
- しょうゆ…少々

- ごま油…大さじ1
- キムチ…適量
- 温泉卵…1個
- コチュジャン(好みで)…適宜

作り方

1. きゅうりは斜め薄切りにしてから細切りにする。冷凍にんじんは流水でほぐすように洗い、ざるに上げてしっかり水けをきる。牛肉は**A**をもみ込む。
2. 耐熱ボウルにもやしとにんじんを入れ、ふんわりとラップをして電子レンジで1分ほど加熱する。別のボウルに**B**を合わせ、にんじん、もやし、きゅうりを加えてよくあえる。
3. フライパンにごま油の半量を中火で熱し、牛肉を焼いて取り出す。フライパンに残りのごま油を足し、ごはんを平らに広げ入れる。牛肉と**2**をのせ、強めの中火で3分ほど焼く。鍋肌からごま油少々(分量外)をまわし入れて強火にし、パチパチと音がしはじめたら火を止める。キムチと温泉卵をのせ、コチュジャンを添える。

COLUMN

ストックしておくと便利な食材

ちびっこがいると、買い物に行くこと自体がストレスフルな重労働！
ちょっとしたストック品が、買い物に行けなかった日の食卓を豊かにしてくれます。

USEFUL FOOD 1 | ソースのかわりにもなる　スープ缶

途中まで調理してある食材と考えると使い方が広がります。牛乳で濃いめにのばしてゆでたマカロニとあえたり、ごはんにのせてオーブンで焼けばグラタンやドリアもあっという間。ゆでブロッコリーやプチトマトなど野菜を加えるひと手間で、ぐっと「おうちの味」に。

USEFUL FOOD 2 | 意外と子どもウケがいい　魚の缶詰

骨までやわらかく、味がしっかりついている魚の缶詰は、意外と子どもが喜ぶ食材！　いわしやさんまのかば焼き缶詰は卵でとじてどんぶりに。ごぼうのささがきと缶汁ごとさっと煮てもいいですね。水煮缶も下ごしらえ済みの食材として活用。大根と煮たり（→P80参照）、ほぐしてしょうゆや砂糖でいりつけ、そぼろ風に。

USEFUL FOOD 3 | 「おなかすいた」に即対応　冷凍うどん・早ゆでタイプのパスタ

「とにかくチュルチュルさえあれば……」それくらい、ちびっこは麺類が大好き。野菜や肉、魚介類を入れて具だくさんにすれば、一品で栄養バランスが整うのもうれしいところです。ただし、子どもの空腹は待ったなし！　流水解凍できる冷凍うどんや、ゆで時間の短いそうめん、早ゆでタイプのパスタを常備して。

USEFUL FOOD 4 | 常備するならフルーツジュースより　トマトジュース

食塩・砂糖無添加タイプをストックしておくと料理にも使えて重宝します。コンソメ顆粒でうまみを補い、塩で味を調えればそのままスープに。パスタソースやカレーを作るときも、水のかわりに加えると味に深みが出ます。もちろんそのまま飲んでもOK。

USEFUL FOOD 5 | 加熱せずに使えてなにかと便利　ちくわ・かまぼこ

原料は魚のすり身。消化しやすく、良質なたんぱく源です。サラダにトッピングしてボリュームアップしたり、朝食に添えたり。煮ものや炒めものに加えると、いいだしが出ます。ただし、離乳直後の小さな子どもは、のどに詰まらせる心配があるので注意が必要。塩分量も多めなので、食べる頻度は調整しましょう。

USEFUL FOOD 6 | 大人にも子どもにもウケる万能食材　チーズ

たとえばパルミジャーノ・レッジャーノなど、上質なナチュラルチーズがあれば、焼き野菜にのせてオリーブオイルをかけるだけで一品に。ナチュラルチーズの風味が苦手なら、プロセスチーズを活用。細かく切ってかつお節や塩昆布とともにおにぎりにしたり、オムレツに加えたり。もちろんそのままつまんでも。

COLUMN

そろえておくと便利な道具

手間と調理時間を減らすためには、道具をどんどん活用！　洗う手間、切る手間が省けると、ストレスも軽減されます。とはいえ道具ばかりが増えてしまわないよう注意も必要です。

USEFUL GOODS 1 | 薄切りもせん切りも怖くない！ スライサー

スライサーは、薄切りができるもの、せん切りができるものなど、数種類をそろえておくと便利です。せん切りスライサーは太さの違うものが何種類も市販されているので、料理に合わせ使いやすいものを選ぶといいでしょう。

USEFUL GOODS 4 | 汁ものや少量の煮ものに ミルクパン

直径16cm程度の小さな鍋（ミルクパン）がひとつあると重宝。その名の通り牛乳を温めるのはもちろん、2～3人分のスープやみそ汁なら、この大きさで作るのがちょうどいい。少量の煮ものも、煮汁がまんべんなく行き渡って上手に作れます。

USEFUL GOODS 2 | 1枚あると、やっぱり便利 さらし

野菜の水けを絞るときやアツアツのいもの皮をむくときなど、下ごしらえで威力を発揮。キッチンペーパーでも代用できますが、さらしのほうが丈夫で、気兼ねなく使えます。さらに便利なのが、サラダ用野菜の水けをきるとき！　野菜をふんわりとさらしで包んでふるだけで、シャキッと水がきれます。

USEFUL GOODS 5 | 食材ごとに使い分けたい 薄手のまな板

プラスチック製のシートまな板は、軽くて扱いやすくおすすめです。何枚か用意して、野菜、肉、魚など素材によって使い分けると衛生的。そのつど除菌する手間も省けます。しなるので、切った食材を鍋に移すのも簡単です。水ぎれがよく、洗ったあと乾くのが早いのも衛生的でうれしいポイント。

USEFUL GOODS 3 | 少量の野菜の下ごしらえに シリコンスチーマー

野菜は、少量ならゆでるよりシリコンスチーマーで蒸すのが断然スピーディ。電子レンジで調理するので、コンロがひとつ空いて、ほかの調理に使えます。少量でもむらなく加熱できるので、2～3本のオクラやいんげん、ひとつかみの青菜など、お弁当用のちょっとした野菜の下ごしらえにも活躍します。

USEFUL GOODS 6 | 保存にも下ごしらえにも重宝 ポリ袋

ポリ袋を保存だけでなく、調理に使うと洗いものの量を減らせます（→P68参照）。から揚げや幽庵焼きなど、肉や魚に下味をつけたいときも、ポリ袋に入れてもみ込むと、少ない調味料でもまんべんなく行き渡るので節約に。下味をつけた状態で冷凍保存することもできますよ。

第3章

ラクして、おいしさそのまま
手間をかけない技

子どもごはんは、きちんとしたい。でも、きちんとしようとすれば
するほど、理想と現実との落差にやる気がしぼんでしまう……。
手抜き上等、60点くらいの簡単料理をたくさんマスターしておくと、
いつしかごはん作りが苦にならなくなりますよ。

手間をかけない技 1

定番料理こそ簡略化！
「○○しない」料理を増やそう

切る、成形、盛りつけなどの手間を省いて
おいしさそのまま、作るのラクチン！

コロッケ、ハンバーグ、麻婆豆腐など、家族が好きで、くり返し作りたい定番おかず。何度も作るなら、おいしさはキープしつつ、味に影響のない作業をなるべく省略・簡略化してしまいましょう！たとえばコロッケ。たねをグラタン皿に広げ入れ、パン粉をたっぷりふってオーブンで焼けば、丸めたり揚げたりしなくてもしっかりコロッケの味わいに。手間が減れば「また作ろう！」という意欲も高まります。どんな工程を減らせるか、自分なりに工夫するのもいいですね。

スコップコロッケ

1人分　474kcal｜塩分0.6g

「丸めない」「ころもをつけない」「揚げない」で、手間を3つもカット！

材料［2〜3人分］

じゃがいも…大2個
合いびき肉…150g
玉ねぎ（みじん切り）…½個分
パン粉…⅓カップ
オリーブオイル…大さじ1
サラダ油…大さじ1
塩・こしょう…各適量
牛乳…大さじ3
中濃ソース…適宜

作り方

1 パン粉にオリーブオイルをふって混ぜる。
2 フライパンにサラダ油を中火で熱し、玉ねぎを炒める。しんなりしたらひき肉を加えて炒め合わせ、ポロポロになったら塩、こしょうを加えて混ぜ、火を止めて冷ます。
3 じゃがいもは皮をむき、1cm幅の半月切りにする。耐熱ボウルに入れてふんわりとラップをし、電子レンジで6分ほど加熱する。熱いうちにフォークでつぶし、牛乳を加えてよく混ぜる。2を加えて混ぜ合わせ、塩、こしょうで味を調える。
4 グラタン皿に3を広げて敷き、1を散らして200℃のオーブンで12分ほど焼く。好みでソースをかけていただく。

オイルをまぶしたパン粉で揚げずにサクサク

ジャンボハンバーグ

煮込んで仕上げて、ソース作りの手間を省略。生焼けの心配も無用です。

一食卓で歓声の上がる大きさ！

1人分　589kcal｜塩分3.1g

材料［2〜3人分］

ひき肉だね
- 合いびき肉…300g
- 塩…少々
- こしょう…少々
- 玉ねぎ（みじん切り）…¼個分
- 卵…1個
- パン粉…¼カップ
- 牛乳…大さじ2

トマトソース
- 中濃ソース…大さじ3
- トマトケチャップ…大さじ1と½
- 和風だしの素（顆粒）…小さじ⅓
- 水…½カップ
- 砂糖…小さじ½

サラダ油…大さじ1
プチトマト…10個
さやいんげん…4〜5本

作り方

1 ボウルにひき肉だねの材料を合わせ、粘りが出るまでよく練り混ぜる。
2 プチトマトはへたを取る。いんげんはへたを切り落として3等分に切る。トマトソースの材料は混ぜ合わせる。
3 1のたねをひとまとめにし、両手でキャッチボールをするように行き来させて空気を抜き、楕円形にまとめる。
4 フライパンにサラダ油を弱めの中火で熱し、3を入れてふたをし、2〜3分焼く。裏返して2〜3分焼いて一度取り出す。
5 キッチンペーパーでフライパンの汚れを拭き、2を入れる。弱めの中火にかけ、4を戻し入れて弱めの中火で5分煮たら裏返し、ふたをして4〜5分蒸し焼きにする。

ひらひら麻婆豆腐

ひき肉のかわりにしゃぶしゃぶ用肉を使って、加熱時間を短縮!

1人分 492kcal | 塩分 2.6g

材料 [2〜3人分]

豚バラ薄切り肉
　（しゃぶしゃぶ用）
　…150g
絹ごし豆腐…1丁(300g)
長ねぎ（みじん切り）
　…1/3本分
しょうが（みじん切り）
　…小1かけ分
にんにく（みじん切り）
　…小1片分
サラダ油…大さじ1

A
├ 水…1/2カップ
├ 鶏ガラスープの素（顆粒）…小さじ1/2
├ 豆板醤…小さじ1/2
├ みそ…大さじ1
├ 酒…大さじ1
├ しょうゆ…大さじ1/2
├ 砂糖…小さじ1
└ 片栗粉…小さじ1/2
ごま油…小さじ1/2
粉山椒（好みで）…少々

作り方

1 豆腐はキッチンペーパーに包み、5〜10分おいて水きりをする。豚肉は長ければ半分に切る。

2 Aは混ぜ合わせる。

3 フライパンにサラダ油を中火で熱し、長ねぎ、しょうが、にんにくを炒める。香りが立ったら豚肉を加えて炒め、肉の色が変わったら、2をもう一度混ぜてから加える。豆腐を手でちぎり入れ、弱めの中火で2〜3分煮て、ごま油を加えてさっと混ぜる。器に盛り、粉山椒を添える。

POINT ちびっこ向けには豆板醤を入れずに作ります。大人は好みで山椒のほか、ラー油をかけても。

手間をかけない技 2

洗いものを減らすとこんなにラク！「ポリ袋調理」も上手に取り入れて

手やボウルが汚れず、味のなじみもスピーディ

広さに制約のあるキッチンでは、ボウルやまな板など洗いものが増えていくのも困りもの。ポリ袋を活用して、使う道具を減らすと、食事の後片づけがだいぶラクになります。あえものや揚げもののころもつけは、まんべんなくなじんで効率もアップ。たねをポリ袋の中で練り混ぜてそのまま絞り出すアイディアは、クッキー生地などお菓子作りにも応用できます。周囲に材料が飛び散る心配もないので、子どもに手伝ってもらってもストレスになりません。

絞り出しシュウマイ

1人分 302kcal｜塩分1.9g

袋の中でもんだひき肉だねを、袋の端をカットしてそのまま絞り出し、蒸すだけ。ふんわりとした口当たりで、いくらでも食べられそう！

材料［2～3人分］

ひき肉だね
- 豚ひき肉…200g
- 玉ねぎ（すりおろし）…¼個分
- 酒…大さじ1
- しょうゆ…小さじ½
- 塩…小さじ½
- 砂糖…ひとつまみ
- ごま油…大さじ½
- 片栗粉…大さじ1

レタス…2～3枚
しょうゆ・酢…各適宜

作り方

1. ポリ袋にひき肉だねの材料をすべて入れ、粘りが出るまで袋の上からよくもみ混ぜる（台の上で少しこねるようにするとまとまりやすい）。
2. 耐熱皿にレタスを大きくちぎってすきまなく敷く。1の袋の片隅を1.5cmほどはさみで切り、レタスの上にたねを団子状に絞り出す。
3. ふんわりとラップをして、電子レンジで5～6分加熱する（すぐにラップをはずすと水分が急激に蒸発するので、粗熱がとれるまでそのままおくとよい）。好みで酢じょうゆをつけていただく。

1

2

パン粉を時間をかけ...！

アボカド豆腐

ちぎりレタスのナムル味

ひと口カツ

1人分 622kcal ｜ 塩分1.1g

ころもつけにひと苦労のフライも、ポリ袋におまかせ。
効率よくころもをまぶせるので、パン粉の量も少なくてすみます。

材料［2～3人分］

豚ヒレ肉(ひと口カツ用)…200～250g
塩・こしょう…各少々
A
　薄力粉…大さじ4
　溶き卵…1個分
　水…大さじ2
パン粉…1と½カップ
サラダ油…大さじ4～5
リーフミックス…適量
中濃ソース…適量
からし(好みで)…適宜

作り方

1 **A**をポリ袋に入れて泡立て器で混ぜ合わせる。パン粉は別のポリ袋に入れる。
2 豚肉に塩、こしょうをふって**A**の袋に入れ、ころもをまんべんなくつける。パン粉の袋に移し、パン粉をまんべんなくつける。
3 フライパンにサラダ油を中火で熱し、**2**の豚肉を重ならないように並べ入れる。3分揚げ焼きにしたら、裏返して2分ほど焼き、油をよくきる。器に盛り、リーフミックスを添え、ソースとからしをつけていただく。

パン粉以外のころもの材料は、よく混ぜて一度につけてしまう。卵を溶きほぐすように泡立て器で混ぜておくとまんべんなくなじむ。

アボカド豆腐

1人分 354kcal ｜ 塩分1.1g

ポリ袋だけで作れる包丁いらずの一品。
豆腐の水きりはしっかりと！

材料［2～3人分］

アボカド…1個
木綿豆腐…½丁(150g)
A
　マヨネーズ
　　…大さじ2と½
　しょうゆ…大さじ½
　わさび(チューブ)
　　…小さじ½(子ども
　　向けには除く)

作り方

1 豆腐はキッチンペーパーに包み、15分ほどおいて水きりをする。途中で一度ペーパーをかえ、しっかり水けを吸わせる。
2 アボカドは手で皮をむき、ポリ袋に入れて袋の上からほぐし、種を除く。さらに食べやすい大きさにほぐし、**A**を順に加えてもみ混ぜる。豆腐をちぎりながら加え、軽くもむ。

ちぎりレタスのナムル味

1人分 111kcal ｜ 塩分0.7g

多めに作ってポリ袋のまま保存しても。
にんにくの香りが食欲をそそります。

材料［2～3人分］

レタス…½個
A
　おろしにんにく
　　…小1片分
　白すりごま
　　…大さじ1と½
　ごま油…大さじ1
　塩…小さじ¼

作り方

1 ポリ袋に**A**を入れ、混ぜ合わせる。レタスを手で食べやすい大きさにちぎりながら袋に加え、よくもむ。

手間をかけない技 3

グリル、オーブン、電子レンジ……「道具まかせ」の料理をマスター！

**道具におまかせだから、キッチンを離れても大丈夫！
火の前に立ちたくない暑い夏にもぴったりです**

グリルやオーブンなど、つきっきりで見ていなくても調理できる「道具まかせ」の料理をいくつか知っておくと、ぐっと気持ちがラクになります。調理している間にコンロでもう一品を作ることもできるし、オーブンや電子レンジなら、少しの間キッチンを離れても大丈夫なので、子どもの着替えや手洗いを手伝うことも可能に。多少調理時間がかかっても、合間にほかの作業ができるから、結果的には時間短縮につながります。こがさないよう、タイマーだけはきちんとかけて。

魚焼きグリルで！

バーベキューチキン

1人分　248kcal ｜ 塩分1.4g

ほんのり甘いバーベキューソースは、ごはんにもパンにも合うやさしい味。
パパのおつまみにも喜ばれます。

材料［2〜3人分］

鶏もも肉…大1枚
　（250〜300g）
赤・黄パプリカ…各½個
A
[
　トマトケチャップ…大さじ1
　はちみつ…大さじ1
　中濃ソース…大さじ½
　しょうゆ…大さじ½
]

作り方

1　Aをポリ袋に入れ、よく混ぜ合わせる。パプリカはへたと種を取って縦3〜4等分に切る。

2　鶏肉は余分な脂を取り除き、フォークでところどころ刺して穴をあけ、1の袋に入れてよくもむ。

3　グリルを強火で熱し、2を皮目を下にして入れ、すきまにパプリカを並べて焼く（＊両面焼きグリルの場合、予熱なしで10〜11分。片面焼きグリルの場合は1分30秒予熱をしたあと、7〜8分焼き、裏返して4〜5分焼く）。こげそうなら、途中でアルミホイルをかぶせる。食べやすく切り、パプリカとともに器に盛る。

電子レンジで！

豆腐のふわふわ蒸し

すが入りがちな卵や豆腐の蒸しものも、電子レンジならラクラク。
体調が悪い日でも食べやすい、まろやかでやさしい味です。

1人分　199kcal ｜ 塩分1.4g

材料 [2～3人分]

絹ごし豆腐…1丁(300g)
かに風味かまぼこ…6本
卵…2個
めんつゆ(3倍濃縮)…大さじ½
みつば(好みで)…適宜

作り方

1 豆腐はキッチンペーパーに包み、15分ほどおいて水きりをする。途中で一度ペーパーをかえ、しっかり水けを吸わせる。かにかまは4等分に切る。ボウルに卵を割りほぐし、めんつゆを加え混ぜる。

2 耐熱皿に豆腐を食べやすい大きさにちぎりながら入れ、卵液をまわし入れる。かにかまを散らし、ふんわりラップをして電子レンジで2分ほど加熱する。一度取り出して豆腐をくずさないように軽く全体を混ぜ、ラップをしてさらに1分加熱する。みつばを飾る。

手間をかけない技
3

オーブン で！

バットでぎゅうぎゅう焼き

オーブンの天板かホーローバットに、肉や野菜をすきまなく並べて焼くだけ。
野菜はあるものでOK。好みでみそマヨやカレーマヨをつけてどうぞ。

1人分　598kcal｜塩分1.7g

材料［2～3人分］

鶏もも肉…小1枚
カリフラワー…1/3株
じゃがいも…1個
かぼちゃ（→P14参照）…50g
ゆでにんじん
　（→P12参照）…50g
ゆでスナップえんどう
　（→P12参照）…5本
プチトマト…6～8個
マッシュルーム…5個
塩…小さじ1/2
白ワイン（または酒）…大さじ3
オリーブオイル…大さじ3

作り方

1　鶏肉はひと口大に切る。カリフラワーは小房に分ける。じゃがいもは皮つきのままよく洗い、8等分のくし形に切る。プチトマトはへたを取る。マッシュルームは4等分に、スナップえんどうは斜め半分に切る。
2　バットに1とかぼちゃ、にんじんをすきまなく並べ入れる。塩、白ワイン、オリーブオイルをふり、250℃に温めたオーブンで15分ほど焼く。

手間をかけない技 4

鍋ものはカセットコンロを使わずにキッチンで仕上げるほうが実はラクチン！

**そのまま出せて、味も調整しやすい
鍋はちびっこのいる家庭のお助け料理**

野菜をたっぷり食べられる鍋もの。具を好みのかたさに煮ることができ、味つけも調整がしやすいので、ちびっこのいる家庭では本当に助かるメニューです。具を切って並べ、食卓で仕上げるのもいいですが、しまい込んだカセットコンロを出すのは意外と面倒だったりしませんか？ 卓上で火を使うと、子どものいたずらも心配です。子どもが小さいうちはキッチンで仕上げて食卓に出すほうが、やけどをする危険も減り、後片づけもラクチンです。大人向けには、取り分けてから好みの薬味や辛みをプラスできるのもうれしいポイント！

野菜たっぷりごまみそ鍋

1人分　575kcal｜塩分3.5g

ごまとみその風味豊か。くるんと巻いた豚肉が食べやすいお鍋です。
手軽に顆粒だしを使っていますが、もちろんきちんとだしをとっても。

材料［2〜3人分］

豚バラ薄切り肉…200g
白菜…大2枚
長ねぎ…½本
にんじん…小1本
えのきたけ…1パック

A
［ だし汁…3と½カップ
　酒…大さじ1と½
　和風だしの素（顆粒）…小さじ1 ］

B
［ みそ…大さじ2
　白すりごま…大さじ2 ］

作り方

1　豚肉は端からくるくると巻く。白菜は縦4cm長さの太めのせん切りに、長ねぎは小口切りにする。にんじんはピーラーで皮をむき、そのまま実を薄いリボン状に削る。えのきは根元を切り落とし、長さを半分に切る。Bは混ぜておく。
2　鍋にAを入れて混ぜ、火にかける。煮立ったら中火にし、1の豚肉と野菜を入れる。野菜がやわらかくなるまで煮たらBを加え、軽く煮る。

から揚げのおろし鍋

たっぷりの大根おろしで煮たから揚げは、
ころもがトロッとして、またひと味違うおいしさ！

1人分 352kcal｜塩分2.6g

材料［2〜3人分］

鶏のから揚げ
　（→P32参照・または市販）
　…8〜10個（約200〜300g）
しめじ…1パック
小松菜…200g
大根おろし…1と1/2カップ

A
「だし汁…3カップ
　酒…大さじ1
　みりん…大さじ1
　しょうゆ…大さじ1/2
」塩…小さじ1/4

作り方

1 しめじは石づきを落とし、小房に分ける。大根おろしはざるにのせて自然に水けをきる。小松菜は根元を落として食べやすい長さに切る。

2 鍋にAを入れて火にかけ、煮立ったら中火にする。大根おろし以外の具材を加え、再び煮立ったら大根おろしを全体に散らすように入れ、1〜2分煮る。

カレーチーズ鍋

ごはんがすすみ、野菜もたっぷりいただける無敵の鍋。
とろ〜りチーズに子どもも喜びます。

1人分 543kcal｜塩分1.3g

材料【2〜3人分】

豚こま切れ肉…200g
じゃがいも…2個
にんじん…⅔本
玉ねぎ…1個
ブロッコリー…⅓株
サラダ油…大さじ½
薄力粉…大さじ1

A
[水…2と½カップ
  酒…大さじ1
  コンソメ（顆粒）…小さじ1]

B
[トマトケチャップ
     …小さじ1
  砂糖…少々
  カレー粉…小さじ1と½]

ピザ用チーズ…40g

作り方

1. 豚肉は食べやすい長さに切る。じゃがいもは皮をむき、半分に切ってから4等分に切り、水にさらす。にんじんは乱切りに、玉ねぎはくし形に切る。ブロッコリーは小房に分ける。
2. 鍋にサラダ油を中火で熱し、豚肉、玉ねぎ、にんじんを炒める。じゃがいもの水けをきって加え、全体に油がまわったら薄力粉をふり入れ、粉っぽさがなくなるまで炒める。
3. **A**を加え、煮立ったらアクを除いてふたをし、弱めの中火で5〜6分煮る。**B**を加えて混ぜ、ブロッコリーも加えてチーズを散らす。ふたをして2分ほど煮たら、火を止める。

手間をかけない技

5

煮ものは時間がかかる……？「だしいらず」素材で攻略を！

火の通りが早い切り方＆だしとりの省略で煮ものはぐっと簡単・スピーディになります

芯まで味のしみた煮もの。ぜひ子どもにも食べさせたいものですが、「だしをとるのが面倒」「時間がかかって大変そう」……という声も。でも、素材そのものからいいだしが出る具を選び、切り方を工夫すれば、煮ものは簡単！　缶詰など、加熱済みの食材も取り入れましょう。

煮ものは冷めていく過程で味がしみるので、前日に煮ておく→冷ます→食べるときに煮返すほうが、中までしっかり味が入ります。後片づけの合間などに、仕込んでおくのもひとつの手です。夏場は、粗熱がとれたら冷蔵庫で保存するなど、傷みに注意しましょう。

さば缶と大根のさっと煮

1人分　184kcal｜塩分2.7g

缶詰のさばを使えば、下ごしらえの必要なし！
大根は薄めに切って、煮る時間を短縮します。子ども向けにはしょうがなしでも。

材料［2〜3人分］
- さば缶（水煮）…1缶（150g）
- 大根…200g
- 酒…大さじ½
- 砂糖…大さじ½
- しょうゆ…小さじ1と½
- しょうが（せん切り）…大½かけ分

作り方
1. 大根は7〜8mm厚さのいちょう切りにする。さば缶は汁けをきる。
2. 鍋に水⅔カップと酒、大根を入れて火にかける。煮立ったらふたをして、弱火で3分ほど蒸し煮にする。さばを加え、砂糖としょうゆ、しょうがも加えて1〜2分煮る。煮立ったら火を止める。

べーじゃが煮・キャベツのいりこ煮

ベーコンやいりこなど、うまみの出る食材を使うと
長時間煮込まなくても、しみじみおいしい煮ものになります。

ベーコンのうまみが
じゃがいもにしみる

1人分 152kcal 塩分1.2g

いりこも具として
いただきます

1人分 91kcal 塩分2.5g

べーじゃが煮

材料［2〜3人分］

じゃがいも
　…大1個
ベーコン（スライス）
　…2枚
サラダ油…少々

A
｜水…2/3カップ
｜酒…大さじ1/2
｜砂糖…大さじ1/2
しょうゆ…大さじ2/3

作り方

1 じゃがいもは皮をむき、半分に切ってから8等分に切る。ベーコンは1cm幅に切る。
2 フライパンにサラダ油を中火で熱し、ベーコンを炒める。全体に油がまわったら、じゃがいもを加えて炒め合わせる。
3 Aを加えてふたをし、弱めの中火で5分蒸し煮にする。じゃがいもがやわらかくなったらしょうゆを加え、汁けがほとんどなくなるまで煮る。

キャベツのいりこ煮

材料［2〜3人分］

いりこ（食べるいりこ）…15〜20g
キャベツ…2枚
ごま油…大さじ1/2
めんつゆ（3倍濃縮）…大さじ1と1/2
塩…少々

作り方

1 キャベツは芯を除き、ひと口大に切る。
2 フライパンにごま油を中火で熱し、いりこを炒める。カリッとなったら、キャベツとめんつゆを加え、水1/2カップを注ぎ入れる。煮立ったらときどき混ぜながら3分ほど煮て、塩で味を調える。

COLUMN

だしとりのストレスから解放される技

自分でだしをとったほうがおいしいとわかってはいても、そんな余裕なんてとてもとても。だから手間なく仕込んでおける「水だし」とだしがわりになる食材を覚えておきましょう。

STOCK POINT 1 「水だし」なら寝ている間にでき上がり

一般的なのは、昆布とかつお節でとった合わせだし。煮出して、こして……とちょっぴり手間がかかりますが、それを省けるのが「水だし」です。作り方は簡単。保存ポットに水1ℓ、昆布10cm、かつお節15gと砂糖・塩各ひとつまみを入れて冷蔵庫でひと晩おくだけ。夜寝る前に作れば、朝にはおいしいだしができています。ポイントは砂糖と塩を加えること。加熱しなくてもうまみ成分がよく引き出され、雑味のない味に。

STOCK POINT 3 ほんの少しのだしならパックのかつお節で

だし汁が1カップだけ欲しい。そんなときは、茶こしにかつお節のパック(1パック3～5g)を入れ、熱湯を注ぐだけでOK。これで1人分の汁ものも手軽に作れます。

STOCK POINT 4 鶏や豚肉のゆで汁もスープになる

鶏肉や豚肉をゆでた汁もうまみがいっぱい。アクをとり、塩、こしょうで味を調えるだけでスープになります。捨てずにとっておいて。

STOCK POINT 2 練り製品やいりこなどだしの出る素材を合わせるのもgood

P80でも紹介したように、素材の持つ「うまみ」を利用すれば、だし汁なしでもおいしい煮ものが作れます。さつま揚げやちくわなどの練り製品は魚のすり身ですから、うまみがいっぱい。いりこ(煮干し)はだしが出るだけでなく、だしがらも具として食べられます。ベーコン、ハム、ソーセージなどもうまみの多い素材。ポトフなどの煮込み料理に加えると、コンソメの素なしでもいいだしが出ます。

王道のだしのとり方は……

水だしと分量は同じ。鍋に水を入れ、昆布をひたして30分以上おく。やわらかくなったら中火にかけ、煮立つ直前に昆布を引き上げる。かつお節を加えて火を止め、かつお節が底に沈んだら、万能こし器などでこす。

第4章

小さな工夫で気楽に
栄養バランスアップ技

食が細い、偏食、食べるのが遅いなど、
「子どもの食べない問題」もママの悩みのたね。
いずれの場合も、子どもの「食べたい」という気持ちを
引き出すのが大切。すぐにできる、小さな工夫を紹介します。

栄養バランスアップ技 1

知らず知らずのうちに野菜を食べてくれる！
自家製「ポタージュの素」がとにかく便利

かぼちゃ、じゃがいも、にんじんなど、家にある野菜で

子どもには、生野菜やシンプルに調理した野菜で、そのおいしさを知ってもらうのがいちばん。でも、形が残っていると苦手な野菜を食べてくれないこともありますよね。そんなときは作戦変更！ 数種類の野菜を炒めてペースト状にした「ポタージュの素」を作っておきましょう。野菜はなんでもOK。かぼちゃや玉ねぎが入ると、甘みやコクが出ます。牛乳や豆乳でのばせばスープに、おやつにもちょい足ししてみましょう。知らず知らずのうちに野菜を食べてくれますよ。

いろいろ野菜のポタージュの素

数種類の野菜のうまみが合わさって、複雑なおいしさに。
まとめて作って冷凍しておくのがおすすめです。

1杯分 42kcal｜塩分0g

【保存期間】・冷蔵3〜4日
・冷凍2週間※

※小分けにして保存袋へ

材料[作りやすい分量・約10杯分]

好みの野菜…400g程度
（ここでは下記を使用）
- かぼちゃ…100g
- キャベツ…大1枚
- にんじん…1/3本
- 玉ねぎ…1/2個
- じゃがいも…1個

オリーブオイル…大さじ1
薄力粉…大さじ2
コンソメ（顆粒）…少々

作り方

1. 野菜はそれぞれ、あれば皮をむき、1cm角に切る。じゃがいもは水にさらして水けをきる。
2. 鍋にオリーブオイルを中火で熱し、1をこがさないように炒める。全体に油がまわり、しんなりしてきたら薄力粉をふり入れ、粉っぽさがなくなるまで炒める。
3. 水をひたひたより少し多めに注いでコンソメを加え、煮立ったらアクをとる。弱めの中火にして7〜8分、充分やわらかくなるまで煮て、粗熱をとる。ミキサーでなめらかになるまで攪拌する。

いろいろ野菜のポタージュの素をアレンジ！

1人分 130kcal｜塩分0.3g

ベジタブルミニホットケーキ

牛乳のかわりに、ポタージュの素で作ります。
ほんのり甘く、朝食やおやつにぴったり！

材料［6枚分］

ホットケーキミックス
　（市販）…1袋(150g)
卵…1個
ポタージュの素
　…大さじ3
サラダ油…適量
バター・メープル
　シロップ（好みで）
　…各適量

作り方

1 ボウルに卵を割りほぐし、ホットケーキミックスを入れて泡立て器でよく混ぜる。ポタージュの素を加え、なめらかになるまですり混ぜる。
2 フライパンにサラダ油を中火で熱し、1のたねを1/6量ずつ流し入れ、両面を色よく焼く。器に盛り、バターをのせ、好みでメープルシロップをつけていただく。

野菜のスクランブルエッグ

卵料理に加えて、忙しい朝も手軽にバランスアップ。
野菜のおかげで冷めてもしっとり。

材料［2〜3人分］

卵…3個
ポタージュの素
　…大さじ3
サラダ油…大さじ1
ゆでブロッコリー
　（→P12参照）・
　プチトマト…各適量

作り方

1 ボウルに卵を割り入れる。菜箸をボウルの底につけたまま左右にかき混ぜ、卵白を持ち上げて切るように溶きほぐし、ポタージュの素を加えて混ぜる。
2 フライパンにサラダ油をやや多めに入れ、弱めの中火で熱する。1の卵液を流し入れ、菜箸で大きく混ぜる。半熟状になったら火を止め、器に盛り、ブロッコリー、半分に切ったプチトマトを添える。

1人分 219kcal｜塩分0.3g

栄養バランスアップ技 2

野菜嫌いの子どもにもバレません！
「みじん切り野菜」を炒めてストック

香味野菜を忍ばせれば栄養も風味もアップ

ハンバーグやコロッケ、ミートソースなど、よく登場する玉ねぎのみじん切り。そのつど調理するのは面倒だから、ついでにセロリやにんじんもみじん切りにして一緒に炒め、一気にストックしてしまいましょう。この「香味野菜炒め」を常備しておくと、とにかく便利。普段の料理に忍ばせれば、子どもも自然に香味野菜に慣れることができます。いいだしが出るので、スープや煮込み料理のかくし味としてひとさじ加えると、味に奥行きが出ます。

香味野菜炒め

玉ねぎや香味野菜をみじん切りにして、こげないようにじっくり炒めます。

材料 [作りやすい分量]
- 玉ねぎ…1個
- にんじん…小1本(150g)
- セロリ(葉を除く)…大1本
- オリーブオイル…大さじ3

作り方
1. にんじんは皮をむき、セロリ、玉ねぎとともにみじん切りにする(なるべく大きさをそろえるとよい)。
2. フライパンにオリーブオイルを中火で熱し、1を3〜4分、しんなりするまで炒める。バットに広げてよく冷ます。

1回分 24kcal｜塩分0g

[保存期間]
・冷蔵5〜6日
・冷凍3週間※

※5等分くらいに分け、平たくラップに包み、保存袋に入れて凍らせるとよい。凍ったまま調理してOK。

香味野菜炒め をアレンジ！

1人分 423kcal｜塩分1.5g

混ぜるだけケチャップライス

レンジで2分のスピードごはん。
分量をきちんと守れば、ベチャッとせず超便利！

作り方[2〜3人分]

ごはん…300g
香味野菜炒め…大さじ6
ウインナソーセージ
　…2〜3本
トマトケチャップ
　…大さじ2
塩・こしょう…各少々
パセリ（あれば）…適宜

作り方

1 ソーセージは小口切りにする。
2 耐熱ボウルにごはん、ソーセージ、香味野菜炒めを入れ、ふんわりとラップをして電子レンジで2分加熱する。ケチャップを加えてよく混ぜ、塩、こしょうで味を調える。器に盛り、刻んだパセリを散らす。

カンタン野菜つくね

つなぎに卵を使わない簡単バージョン。
野菜の甘みやうまみが、味に奥行きを持たせます。

作り方[2〜3人分]

鶏ももひき肉…200g
香味野菜炒め…大さじ4
サラダ油…大さじ1
サラダ菜…適量

作り方

1 ボウルに香味野菜炒めとひき肉を入れて粘りが出るまでよく練り混ぜ、6〜8等分に分けて小判形にまとめる。
2 フライパンにサラダ油を中火で熱し、1を並べ入れる。1〜2分焼きつけたら、裏返してふたをし、弱めの中火で6〜7分蒸し焼きにする。サラダ菜とともに器に盛る。

1人分 292kcal｜塩分0.2g

栄養バランスアップ技

3

「自分で調理」で、食べず嫌いを楽しく克服！
子どもが好きな料理に、カラフル野菜トッピング

徐々に形のある野菜にも挑戦してみましょう

ポタージュやみじん切りなど、「見えない作戦」で栄養を補給しつつ、だんだんと姿や形のある野菜も食べられるようにしたいもの。ベランダ菜園で野菜を育てたり、一緒に料理をすると、残さず食べられることが多いようです。たとえばゆで野菜をトッピングするだけでも効果あり！「自分で作った」という気分になって、スッと食べられることがありますよ。子どもが大好きな料理に加えることから始め、食べられる野菜をひとつずつ増やしてみましょう。

Point

食べやすく切った数種類のゆで野菜を用意。
大好きなカレーでお絵描きしてみましょう！

ブロッコリー、にんじん、スナップえんどうなどのゆで野菜や、コーン缶、ナッツなどを用意し、好きなものをトッピング。

「お顔のようにのせてみよう！」などと促すと、のせながらパクパク！

お絵描きカレー

カラフル野菜

栄養バランスアップ技 4

食が細い子どもには「ちょい足し」を！
かつお節や粉チーズなら、香りや食感もアップ

ごく少量ずつでも、栄養のあるものをトッピング

食が細く、しっかり食べさせることが難しい場合には、ごはんや冷ややっこ、サラダなどにトッピングするものを工夫して、少しずつでも栄養補給してあげるといいでしょう。ちびっこが大好きなチーズをはじめ、ナッツやごま、ちりめんじゃこなど、数種類を常備しておくと便利です。見た目が華やかになり、香りや食感にも変化がつくので、自然と食べる意欲もアップします。

Point

たとえば、こんなものをトッピングして！

ナッツ
軽くいって、粗く刻んでおきます。3歳以下の子どもはのどに詰まらせることがあるので、控えましょう。

粉チーズ
チーズ味ならゆで野菜もパクパク。スープやオムレツ、ピラフなどのごはんものにプラスしても◎。

青のり
ふりかけのようにごはんにかけたり、卵焼き、大根おろしなどに混ぜても。香りよく食がすすみます。

ごま
香ばしさとプチプチの食感がアクセントに。幼児にはすりごまのほうが消化・吸収がしやすいのでおすすめ。

かつお節
冷ややっこだけでなく、おひたし、ごはんなどにかけると、ぐんとうまみがアップします。

じゃこ
サラダにふったり、青菜とあえたりして手軽にカルシウム補給。カリカリにいると香ばしさがアップ。

冷ややっこに青のり＋じゃこをプラスして香りよく。ゆでにんじんにはカリカリナッツのアクセントを。

どうしても食がすすまない……そんなときは「自家製ジュース」でビタミン補給を

飲みものなら口にしやすく、短時間で摂取できます

食べるより、遊びのほうが楽しい。気が散って食事がすすまない——そんな時期は必ずあるもの。それなら、せめて自家製ジュースでビタミンチャージ。野菜やくだものがたくさん入ったジュースは意外と腹持ちがいいもの。小さな胃袋はすぐいっぱいになってしまうから、おやつをジュースに置き換えてもいいでしょう。市販品には糖分が多く含まれていますが、自家製ならその点も安心です。

バナナジュース

1杯分 112kcal｜塩分0.1g

材料と作り方 [2杯分]

バナナ小1本は皮をむき、適当にちぎってミキサーに入れる。牛乳1カップを注いでなめらかになるまで攪拌する。好みでメープルシロップやはちみつを入れても。

ブルーベリーヨーグルト

1杯分 72kcal｜塩分0g

材料と作り方 [2杯分]

ブルーベリー（冷凍または生）100g、プレーンヨーグルト¼カップ、はちみつ大さじ1をミキサーに入れ、なめらかになるまで攪拌する。

りんごキャベツジュース

1杯分 52kcal｜塩分0g

材料と作り方 [2杯分]

りんご½個は皮をむき、芯を除いてざく切りにする。キャベツ大½枚は2〜3cm角に切る。プレーンヨーグルト¼カップとともにミキサーに入れ、なめらかになるまで攪拌する。

にんじんオレンジジュース

1杯分 77kcal｜塩分0g

材料と作り方 [2杯分]

にんじん⅓本は皮をむき、2〜3cm角に切る。オレンジ1個は皮と薄皮を除いてざく切りに、りんご¼個は皮と芯を除いてざく切りにする。はちみつ大さじ1とともにミキサーに入れ、なめらかになるまで攪拌する。

※はちみつにはボツリヌス菌が含まれていることがあります。1歳未満の赤ちゃんは消化器官が未発達のため、体内で菌が増殖してしまうことがあるので、食べさせるのを控えましょう。

栄養バランスアップ技 6

食べるのが遅い子どもには、切り方や見せ方を変えて「食べなきゃ」というプレッシャーを軽減

小さく切るだけで、自分でも食べやすくなる

なにかと忙しい朝の時間。「子どもがごはんを食べるスピードが遅い……」と悩むママが多いようです。でも、起き抜けにボリュームたっぷりの食事が出てきたら、大人だってちょっとプレッシャーを感じるもの。トースト1枚、おにぎり1個も、食の細い子にとっては結構な量に見えているのかもしれません。おにぎりならごく小さくにぎったり、トーストは手でつまんで食べやすいスティック状に切るなど、子どもの口に入りやすい大きさ・形を工夫してみましょう。

ひと口でいただきまーす！

スティックトースト

こんな朝ごはんなら、自分でも食べやすい！

小さな子どもでも自分でつまんで食べやすい、ひと口サイズの朝ごはん。
「ひとりで食べられた！」という達成感も得られます。

はちみつバターの スティックトースト

バターの香ばしい風味とはちみつの甘みがマッチ

1人分　194kcal ｜ 塩分0.7g

材料と作り方 [1人分]

食パン1枚はトーストする。バター・はちみつ各適量を塗り、縦に食べやすく3～5等分する。

ひと口 おにぎり

親指の先くらいの超ミニサイズににぎって

1人分　177kcal ｜ 塩分0.2g

材料と作り方 [1人分]

ごはん（子ども茶碗1杯分）に好みのふりかけ適量を混ぜる。大さじ1杯くらいずつ取り分け、丸くにぎる。

おかかのり巻き

おにぎりよりもスピーディに巻ける！

1人分　96kcal ｜ 塩分0.5g

材料と作り方 [1人分]

ラップの上にのり（全形）½枚を横長におき、ごはん（子ども茶碗½杯分）を薄く広げる。かつお節適量にしょうゆ少々をまぶし、ごはんの手前から2cmくらいのところに細長くのせ、手前からきゅっと巻く。食べやすく切る。

栄養バランスアップ技

7

「納豆ごはん」好きな子どもは意外と多い！ とろみで食べやすく、アレンジもいろいろ

野菜やチーズを混ぜれば栄養満点に

ネバネバとして、ママとしては扱いがやっかいなこともある納豆。でもなぜでしょう？ 「納豆が大好き！」というちびっこは意外と多いようです。とろみがあるせいか、白いごはんより断然食べるスピードもアップ。納豆ごはんが朝食の定番なら、ほかの素材もプラスして栄養面を強化しましょう。トマトの酸味、チーズのコクなど、味にも変化がついてパクパク食べられます。

Point

意外と納豆と好相性！ こんなものをプラスしてみて

アレンジして栄養をアップ！

角切りトマト
納豆のにおいを適度におさえ、さわやかにしてくれます。

たくあん
食感に変化がついて、大人にも喜ばれる組み合わせ。

プロセスチーズ
7〜8mm角に切って加えましょう。たんぱく質補給に。

梅干し
ちぎって加えれば酸味が食欲をそそり、口の中はさっぱり。

ツナ缶
食べごたえアップ！少しマヨネーズを加えてもおいしい。

のり
磯の風味がふわりと香ります。小さくちぎって加えましょう。

もっと知りたい！
子どもごはん うちごはん

帰ってきてから、どんな食事を作っている？
働くお母さんたちの声を集めました。日々ごはん作りをしている皆さんの
リアルな声には、まねしてみたい工夫や
思わず「あるある！」とうなずいてしまう点がいっぱい。

MAMA-VOICE 1 「悩み」というほどではないけれど… こんなことが気がかりです

日々のごはん作りだけでなく、子どもの「食べない」「待てない」に悩む声を。「保育園では食べるけど、家では食べない」というジレンマもある中で、調理の時短や食べる工夫に頭を悩ませる、ママたちの姿が見えてきました。

I・Bさん
6歳女子、
1歳女子の母

帰宅後に授乳をして、その後15〜30分以内で料理を作らないといけない。それ以上は子どもたちが待てないし、自分も空腹……。

A・Yさん
2年生男子、
3歳男子の母

食事どきに子どもの好きなテレビ番組があるのが困る。食が細いから、テレビがついていても食べるならそのほうがいいと思い、「見ながらでいいから、食べなさい！」を繰り返している。

保育園の連絡ノートに朝食メニューを書くのがプレッシャーで、毎日「サンドイッチ」でごまかしていた。子どもがサンドイッチからレタスだけ抜いて食べ、パンを残したときも、ノートにはちゃっかり「サンドイッチ」と書いていた(笑)。

K・Aさん
5年生男子、
2年生女子の母

T・Kさん
4歳男子の母

保育園ではなんでも食べるけれど、家では食べない。好きなものは炭水化物、乳製品。肉もあまり食べず、野菜はいも系ばかり。食べないとなるとこちらも作らなくなるから、ますます好きなものばかりのメニューになって、負のスパイラル…。

Y・Uさん
2年生男子、
5歳女子の母

夫から市販のお惣菜、冷凍食品の禁止令が出ている。夫は晩酌をするので、子ども向けのメニューと晩酌メニューを両方考えるのが面倒くさい。

T・Nさん
1歳男子の母

食事中に、いすの上に立つのが困る。あまり遊びたがるときは、先に遊ばせちゃう。パパが一緒だと子どもも食事に集中するが、ママだけだと気が散ってしまうみたい……。

MAMA-VOICE 2　それでもごはん作りは続く… なんとか乗り切る毎日の工夫

悩みがあっても、ごはん作りはやめられない！　毎日を乗り切るために「まとめ作り」に励む人多数。
一方で、あえて作りおきはせず、調理道具を駆使して帰宅後にごはんを作るママたちも。

[まとめ作り で手間＆時間を軽減]

K・Aさん
5年生男子、
2年生女子の母

圧力鍋で大量の野菜スープを作り、その日はスープとして、翌々日は煮もの風、最後にカレー、と**3回アレンジしておかずにする**。間の日に魚の干もの、肉野菜炒めをはさんで1週間を乗り切る。

M・Aさん
中1男子、
小5女子の母

ミートソースを仕込んでおくと便利。大量のミートソースをパスタ、タコライス、ピザトースト、ピラフに変身させる。

A・Yさん
2年生男子、
3歳男子の母

残ってしまった野菜は、ぬか漬け、ピクルスなどにして解決。少し古くなってきたら**速攻ぬか床やピクルス液へ！** ここが野菜の避難場所（笑）。野菜が残ってしまう問題も解決できる。

T・Nさん
1歳男子の母

野菜は「切りおき」してストックしておく。時間のあるときや、料理中のついでになんでもせん切り、乱切りにして自家製カット野菜感覚で活用。肉をみそ漬け、しょうゆ漬けにしておく**「下ごしらえおき」**もよくやる手。

M・Aさん
中1男子、
小5女子の母

週末、3つのお鍋に野菜と肉または魚を塩のみで煮込んで、1つはカレー、1つはシチュー、1つは肉じゃがやラタトゥイユ風に。同じ食材で3つの料理を作りおきする。

Y・Uさん
2年生男子、
5歳女子の母

意外といわれるけれど、わが家で重宝しているのがモツ煮。大人はモツ煮として、子どもにはモツうどんに。圧力鍋だとモツもやわらかくなって子どもでも食べられる。冬の定番メニュー。

Y・Uさん
2年生男子、
5歳女子の母

困ったときはやっぱりカレー。土日で大量に作っておくと、**カレーうどん、カレートースト、カレードリア**など数種類のバリエーションでやりくりできる。

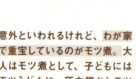

[その日作りの時短ワザ]

T・Nさん
1歳男子の母

電子レンジとトースターがフル稼働。オーブンよりトースターのほうが気軽で、なにかと頼ってしまう。

K・Aさん
5年生男子、
2年生女子の母

朝、洗ってざるに上げたお米を野菜室に入れておき、帰宅後に早炊きで炊くのが最近の習慣。じっくり吸水されるせいか、早炊きでもこのほうが炊き上がりがふっくら、おいしい気がする。

オーガニック系の宅配を利用。野菜がおいしい。素材がいいとそのままでもおいしいから、調理いらず。子どもたちもよく食べるので助かっている。

Y・Uさん
2年生男子、
5歳女子の母

週に一度はうどんか、焼きそばに。ごはん＋おかずの献立は、作りおきがないと毎日はしんどくて……。

T・Kさん
4歳男子の母

T・Kさん
4歳男子の母

帰宅後に火を通すものは1品と決めている。煮もの、具だくさんの汁ものなどを朝のうちに作っておき、できないときはお惣菜を買って対応。

I・Bさん
6歳女子、
1歳女子の母

作りおきはせず、圧力鍋をフル稼働。かぼちゃ、切り干し大根、お肉など……仕込んでいる間にサラダを作ったりできて便利。圧力鍋がわが家に来て以来、食卓に上がるメニューが変わった。

COLUMN

サービスも上手に活用

1か月冷蔵可能なお惣菜が毎月届く
「おかん」

手づくりのお惣菜の定期宅配サービス。肉じゃが、きんぴら、豚の角煮、ハンバーグなど種類も豊富です。10品、20品、30品／月のコース制。真空包装後に低温長時間殺菌しているので、味や風味はできたてそのもの！
https://my.okan.jp

献立を考えるストレスを軽減
「タイヘイファミリーセット」

フライパンひとつで誰でも簡単！ カット・下ごしらえ済みの食材をレシピつきで届けてくれます。電子レンジで温めるだけの冷凍弁当には、エネルギーや塩分を調整したコースもあり、ストックしておくのもおすすめです。
https://www.familyset.jp

ネットスーパーや生協も強い味方
「イトーヨーカドー」など

今回のアンケートでも「利用している」という声があったネットスーパー。イトーヨーカドー、SEIYU、イオンなど、各社配達エリアや取り扱い品目が拡大中です。また、パルシステムなど、乳幼児のいる家庭の配送料を無料や減額にする生協も多数。

COLUMN
"適量"ってどれくらい？気になる1日の必要量は

子どもの食べる量は個人差が大きく、気になるところ。でも、母子手帳や、学校の健康診断カードなどに記されている「身体発育曲線」のグラフから大きく逸脱していなければ、食事量はさほど気にしなくても大丈夫。目安は、1〜2歳で1日900〜950kcal、3〜5歳で1250〜1300kcal。小学生になると、活動量にも大きな差がつきますが、6〜7歳で1250〜1750kcal程度です。

MAMA-VOICE 3
食べムラ、遊び食べ、好き嫌い…子どもの食欲とこうつき合う

好き嫌いはいずれ克服させたいものですが、急がずに少しずつ取り組んでいくのが、得策といえそう。好きなものをトコトン食べる「ブーム」があっても、いつしかバランスがとれることが多いようです。

A・Yさん
2年生男子、3歳男子の母

食へのモチベーションを上げるのが大事。ママ友だちからピーマンをもらったとき、「みんなで食べてみよう！」と子どもをのせたら、バリバリとよく食べた。食べやすい環境をつくってあげることが大切なんだと感じた。

T・Kさん
4歳男子の母

「ベジレンジャー」など、**キャラクター抱き合わせで苦手な食材の克服を狙っている。あまり複雑なことはせず、簡単なウインナの飾り切りくらいで……**。

朝食は毎日違うメニューにしないとダメかと思っていたけれど、保育園のママ友も毎日「納豆ごはんのみ」と書いていると聞いて、「ああ、みんなそうなんだ」とちょっと安心した（笑）。

K・Aさん
5年生男子、2年生女子の母

もともと食事は子どもを先に、と思っていたが、ぐずるし時間がかかって、食べさせている間に自分もおなかがすいてしまうので、ある時から自分が先に食べ始めるように。そうしたら子どもも食に興味を持ったのか、わりと落ち着いて一緒に食べるようになった。

K・Aさん
5年生男子、2年生女子の母

T・Kさん
4歳男子の母

子どもに食器を選ばせるとごはんもすすんで食べることが多い。

MAMA-VOICE 4

答えは見つからないこともあるけれど、おいしく楽しく

帰ってからの数時間で、食事と入浴、寝かしつけをしようとすると、どこかにしわ寄せがくることも。入浴時間をずらしてみたり、おやつの内容をかえてみたり、試行錯誤をしているママたち。がんばれ〜！

I・Bさん
6歳女子、
1歳女子の母

おやつにどんなものを食べさせればいいか悩んでいたが、保育園ではチャーハンがおやつのことがあって驚いた！ おやつといってもお菓子に限らず、**補食の感覚でとらえればいいんだと思った。**

T・Kさん
4歳男子の母

自分自身の時間に余裕がない。子どもとのいざこざはそれが原因なのかな……とへこむことも。**大人にもっと余裕があれば、食事を作ること・子どもが食べることにじっくり向き合えると思う。**

息子や娘がたくさん飲む牛乳や野菜ジュースなどは、子ども本人に買い物をさせている。

K・Aさん
5年生男子、
2年生女子の母

帰宅後、18時過ぎからお風呂に入って、それから食事のしたく。**入浴後だと子どもの気がまぎれるのか、ぐずらず遊んでいてくれる。**19時〜19時半ころに食事をして、21時に就寝。食後に入浴していたときは、寝る時間が遅くなってしまうことが多かった。今のほうが寝るまでの時間がゆったりできる。

T・Nさん
1歳男子の母

K・Aさん
5年生男子、
2年生女子の母

作りおきだけでなく、**買い出しもまとめて週末に。**ネットスーパーも活用する。近所のスーパーがすごく混んでいて並んで買う時間がもったいないので、日々の買い物は原則しない。

声を寄せてくれたのは……
乃村工藝社「Team M」の皆さん

http://www.nomurakougei.co.jp/team-m/

株式会社乃村工藝社「Team M（チームエム）」が、社内外の育児中女性社員の声を集めました。乃村工藝社は「人々に感動を提供する『空間』をつくり、活性化する」企業。TeamMは子どもを持つ女性社員で編成され「未来の子どものための場と、仕組みづくり」をコンセプトに、育児経験を活かした企画・デザインの提案をしています。

材料別索引

［牛肉］
牛しゃぶサラダ ……………………………… 22
フライパンビビンバ ………………………… 58

［鶏肉］
鶏のから揚げ ………………………………… 32
酢鶏 …………………………………………… 34
チキン南蛮 …………………………………… 35
丸ごとチキンのにんじんごはん …………… 52
フライパングラタン ………………………… 56
バーベキューチキン ………………………… 72
バットでぎゅうぎゅう焼き ………………… 75
から揚げのおろし鍋 ………………………… 78

［豚肉］
カリッと豚のトマトソース ………………… 23
小松菜と豚肉のとろみ炒め ………………… 25
豚のしょうが焼き …………………………… 28
しょうが焼きと冷凍キャベツのカレーマヨ蒸し … 30
しょうが焼きとトマトのチーズグリル …… 31
きのこの豚汁 ………………………………… 48
ひらひら麻婆豆腐 …………………………… 67
ひと口カツ …………………………………… 70
野菜たっぷりごまみそ鍋 …………………… 76
カレーチーズ鍋 ……………………………… 79

［ひき肉］
キャベツのぺたんこ餃子 …………………… 22
えびと豚ひき肉の中華炊き込みごはん …… 54
スコップコロッケ …………………………… 64
ジャンボハンバーグ ………………………… 66
絞り出しシュウマイ ………………………… 68
カンタン野菜つくね ………………………… 89

［ベーコン・ウインナソーセージ］
グリルパンピザ ……………………………… 58
ベーじゃが煮 ………………………………… 82
混ぜるだけケチャップライス ……………… 89

［えび］
えびと豚ひき肉の中華炊き込みごはん …… 54
フライパングラタン ………………………… 56

［鮭］
鮭のトマト煮 ………………………………… 40
サーモントマトパスタ ……………………… 42
鮭となすのしそ風味炒め …………………… 43

［さば］
さばのウスターソース煮 …………………… 36
さばチャーハン ……………………………… 38
さばときゅうりのレモンマヨあえ ………… 39
さば缶と大根のさっと煮 …………………… 80

［ぶり］
フライパンぶり大根 ………………………… 20

［卵］
にんじんと卵のポン酢炒め ………………… 21
トマトとチンゲン菜の中華卵とじスープ … 50
豆腐のふわふわ蒸し ………………………… 74
野菜のスクランブルエッグ ………………… 87

［豆腐、豆製品］
豆腐と納豆の豆乳みそ汁 …………………… 51
ひらひら麻婆豆腐 …………………………… 67
アボカド豆腐 ………………………………… 70
豆腐のふわふわ蒸し ………………………… 74

［アボカド］
アボカド豆腐 ………………………………… 70

［かぼちゃ］
かぼちゃのレンジサラダ …………………… 16
バットでぎゅうぎゅう焼き ………………… 75

［カリフラワー］
バットでぎゅうぎゅう焼き ………………… 75

［きのこ］
きのこの豚汁 ………………………………… 48
野菜たっぷりごまみそ鍋 …………………… 76
から揚げのおろし鍋 ………………………… 78

［キャベツ］
キャベツのぺたんこ餃子 …………………… 22
牛しゃぶサラダ ……………………………… 22
しょうが焼きと冷凍キャベツのカレーマヨ蒸し … 30
キャベツのいりこ煮 ………………………… 82
りんごキャベツジュース …………………… 93

［きゅうり］
さばときゅうりのレモンマヨあえ ………… 39
フライパンビビンバ ………………………… 58

［小松菜］
小松菜とツナのさっと煮 …………………… 25
小松菜と豚肉のとろみ炒め ………………… 25
から揚げのおろし鍋 ………………………… 78

【 さつまいも 】
たっぷりごまとさつまいもの混ぜごはん……… 53

【 じゃがいも 】
じゃがいもの粉チーズ炒め……………………… 24
フライドポテト…………………………………… 24
スコップコロッケ………………………………… 64
バットでぎゅうぎゅう焼き……………………… 75
カレーチーズ鍋…………………………………… 79
ベーじゃが煮……………………………………… 82

【 大根 】
大根のバター炒め………………………………… 16
フライパンぶり大根……………………………… 20
とろけるチーズの大根ステーキ………………… 20
から揚げのおろし鍋……………………………… 78
さば缶と大根のさっと煮………………………… 80

【 チンゲン菜 】
トマトとチンゲン菜の中華卵とじスープ……… 50

【 トマト・プチトマト 】
トマトのぶっかけそうめん……………………… 23
カリッと豚のトマトソース……………………… 23
しょうが焼きとトマトのチーズグリル………… 31
鮭のトマト煮……………………………………… 40
トマトとチンゲン菜の中華卵とじスープ……… 50
グリルパンピザ…………………………………… 58
ジャンボハンバーグ……………………………… 66
バットでぎゅうぎゅう焼き……………………… 75

【 なす 】
鮭となすのしそ風味炒め………………………… 43

【 にんじん 】
にんじんのはちみつ梅あえ……………………… 17
にんじんのたらこマヨサラダ…………………… 21
にんじんと卵のポン酢炒め……………………… 21
酢鶏………………………………………………… 34
丸ごとチキンのにんじんごはん………………… 52
フライパンビビンバ……………………………… 58
バットでぎゅうぎゅう焼き……………………… 75
野菜たっぷりごまみそ鍋………………………… 76
カレーチーズ鍋…………………………………… 79
香味野菜炒め……………………………………… 88
にんじんオレンジジュース……………………… 93

【 白菜 】
野菜たっぷりごまみそ鍋………………………… 76

【 パプリカ 】
バーベキューチキン……………………………… 72

【 ピーマン 】
ピーマンのオイスター味炒め…………………… 17
酢鶏………………………………………………… 34

【 ブロッコリー 】
フライパングラタン……………………………… 56
カレーチーズ鍋…………………………………… 79

【 もやし 】
フライパンビビンバ……………………………… 58

【 レタス 】
ちぎりレタスのナムル味………………………… 70

【 ごはん、めん、パスタなど 】
トマトのぶっかけそうめん……………………… 23
さばチャーハン…………………………………… 38
サーモントマトパスタ…………………………… 42
丸ごとチキンのにんじんごはん………………… 52
たっぷりごまとさつまいもの混ぜごはん……… 53
えびと豚ひき肉の中華炊き込みごはん………… 54
フライパングラタン……………………………… 56
グリルパンピザ…………………………………… 58
フライパンビビンバ……………………………… 58
ベジタブルミニホットケーキ…………………… 87
混ぜるだけケチャップライス…………………… 89
はちみつバターのスティックトースト………… 95
ひと口おにぎり…………………………………… 95
おかかのり巻き…………………………………… 95

【 汁もの、鍋 】
きのこの豚汁……………………………………… 48
トマトとチンゲン菜の中華卵とじスープ……… 50
豆腐と納豆の豆乳みそ汁………………………… 51
野菜たっぷりごまみそ鍋………………………… 76
から揚げのおろし鍋……………………………… 78
カレーチーズ鍋…………………………………… 79
いろいろ野菜のポタージュの素………………… 86

【 飲みもの 】
バナナジュース…………………………………… 93
りんごキャベツジュース………………………… 93
ブルーベリーヨーグルト………………………… 93
にんじんオレンジジュース……………………… 93

武蔵裕子　Yuko Musashi

料理研究家。体にやさしく、初心者でも作りやすい家庭料理と、忙しくても簡単にできる作りおきアイディアに定評がある。自身も働きながら、双子の息子と両親の三世代の食卓を担い続けてきたスーパー主婦。本書では子育ての中で編み出してきた時短ごはんのコツや、おいしく手を抜くポイントを多数提案している。『これならできる!! 毎日ラクチン！作りおき＋使いきりおかず』（永岡書店）、『魚焼きグリルでかんたん本格レシピ（グリルプレートつき！）』（世界文化社）ほか著書多数。

STAFF

アートディレクション	川村哲司（atmosphere ltd.）
デザイン	陰山真実（atmosphere ltd.）
写真	キッチンミノル
スタイリング	深川あさり
イラスト	コウゼンアヤコ
調理アシスタント	大場裕美、増田昌子
栄養価計算	竹内由佳（カロニック・ダイエット・スタジオ）
校閲	滄流社
取材・構成	中村円

[撮影協力] UTUWA (TEL : 03-6447-0070)

Special Thanks　伊勢洵

作るのラクチン、子ども喜ぶ！
働くママの時短ごはん
2016年11月15日　初版第1刷発行

著者	武蔵裕子
発行者	香川明夫
発行所	女子栄養大学出版部
	〒170-8481 東京都豊島区駒込3-24-3
	営業　TEL : 03-3918-5411
	編集　TEL : 03-3918-5301
	http://www.eiyo21.com
	振替　00160-3-84647
印刷所	大日本印刷株式会社

＊乱丁本・落丁本はお取り替えいたします。
＊本書の内容の無断転載・複写を禁じます。また本書を代行業者等の第三者に依頼して電子複製を行うことは一切認められておりません。

ISBN978-4-7895-4504-4
©Yuko Musashi 2016, Printed in Japan